LA REVOLUCIÓN PACÍFICA

Los cambios que el papa
Francisco ha comenzado
en la Iglesia Católica

Mario Escobar

GRUPO NELSON
Una división de Thomas Nelson Publishers
Desde 1798

NASHVILLE   DALLAS   MÉXICO DF.   RÍO DE JANEIRO

Editora en Jefe: *Graciela Lelli*
Edición: *Juan Carlos Martín Cobano*
Diseño: *Grupo Nivel Uno, Inc.*

ISBN: 978-0-52910-748-0

Impreso en Estados Unidos de América

14 15 16 17 18 RRD 9 8 7 6 5 4 3 2 1

A Elisabeth, por aquella noche en que nos llegó el amanecer hablando.
A Alejandro y Andrea, dos sueños de carne y hueso.

Agradecimientos

La vida siempre te da muchas razones para estar agradecido, pero escribir un libro te pone en deuda con mucha gente, que te apoya en todos los momentos.

En primer lugar agradezco a Larry Downs, un aguerrido luchador por las palabras y el poder que tienen para cambiar el mundo. Gracias, Larry, por hacer realidad los sueños.

Mi gratitud y admiración a los equipos de Grupo Nelson y Thomas Nelson, detrás de los logos o las siglas de una gran empresa están los nombres de personas excepcionales.

Gracias, Graciela Lelli, eres la mejor abuela del mundo, los demás son títulos aparte.

Amigo Jake Salomon, fueron once días intensos de promoción y estuviste a la altura.

Gracias a todo el equipo, Patricia, Nubia, Lluvia, Carlos y Roberto Rivas. Una cuerda de tres hilos no se rompe fácilmente.

A todos los comunicadores que en estos meses me han entrevistado y recomendado mi libro. Muchas gracias.

Contenido

Introducción

Mientras la adrenalina fluía por mis venas en el plató de CNN en Atlanta, Estados Unidos, al ser consciente de que millones de personas estaban observándome al otro lado de las cámaras robotizadas del estudio, un hombre vestido de blanco ascendía las escaleras de un avión con un maletín negro en la mano. A mi lado estaba Guillermo Arduino, el presentador de CNN Internacional y uno de los comunicadores más importantes de Estados Unidos en los medios hispanos.

—Mira, Guillermo, el papa Francisco lleva un maletín en la mano —dije al presentador, entre sorprendido e intrigado.

—Es cierto, el papa lleva su maletín mientras se despide de la JMJ en Brasil —comentó Guillermo.

—Los hombres de estado, los líderes poderosos, nunca llevan su equipaje de mano. Ese trabajo lo dejan a sus asistentes y escoltas. El papa Francisco nos está queriendo decir que él no es más que un siervo, alguien dispuesto a llevar su propia carga. Por desgracia, esa no es la actitud normal de la mayoría de los líderes actuales —le dije mientras los dos observábamos el monitor.

El papa había pasado algo menos de ocho días en Brasil. Aquel era su primer viaje oficial al extranjero, por eso la expectación era máxima y miles de medios de comunicación no paraban de volcar noticias a redes sociales, periódicos, televisiones y radios con cada gesto del nuevo pontífice.

Yo llevaba diez días recorriéndome Estados Unidos de plató en plató, haciendo entrevistas por radio o prensa escrita, hablando de mi libro *Francisco: el primer papa latinoamericano*[1] y del viaje del sumo pontífice a Brasil; y aquella tarde en Atlanta era el punto culminante de esas jornadas de promoción. Durante esos diez largos días me levantaba leyendo las primeras noticias que llegaban de Europa sobre el papa Francisco, después continuaba con el repaso de todas las biografías que habían salido en los últimos meses sobre él. El resto de la jornada recorría las ampulosas calles de Nueva York, las abrasadoras avenidas de Miami o los soleados bulevares de Los Ángeles presentando el libro en librerías y medios de comunicación prestigiosos.

¿Qué tenía de especial aquel hombre para que en apenas cinco meses hubiera levantado tantas pasiones entre propios y extraños? ¿Por qué los medios seculares de medio mundo no dejaban de apuntar sus focos sobre un anciano líder religioso que unos meses antes era un total desconocido?

Mientras el avión despegaba del Aeropuerto Internacional Galeão/Antonio Carlos Jobim de Río de Janeiro, las preguntas se agolpaban en mi mente y siempre obtenía la misma respuesta: el papa Francisco estaba realizando una revolución pacífica dentro de la Iglesia Católica y sus efectos no tardarían en verse al otro lado de los gruesos muros del Vaticano, en la milenaria ciudad de Roma.

En ese momento supe que era ineludible narrar los cambios que el nuevo papa ya había producido en la Iglesia Católica. Muchos de los mejores comunicadores con los que me encontré en mi viaje de promoción por Estados Unidos me pidieron que hiciera un segundo libro para conocer más y mejor a Francisco y, sobre todo, su idea acerca de lo que la Iglesia Católica necesita.

Mi agente y mi editor no dudaron ni un momento de que los lectores estarían muy interesados en profundizar en el pensamiento y la acción del nuevo pontífice. Mi libro anterior había sido traducido a más de doce idiomas en unos meses y había nuevos lectores en China, Japón, Italia, Brasil, Hispanoamérica, Estados Unidos, Canadá, Austria, Portugal y el resto de Europa que necesitaban saber más sobre Francisco. Además, yo había aprendido mucho en esos meses, en los que dediqué más de diez horas diarias a investigar a Jorge Mario Bergoglio, el primer papa latinoamericano.

La revolución pacífica es un libro que trata sobre los profundos cambios realizados en la Iglesia Católica con la inequívoca impronta del nuevo obispo de Roma.

En la primera parte, «Un cambio de estilo», veremos el nuevo lenguaje y la forma de comunicar del papa Francisco y su gabinete de prensa. Un estilo que es suave en la forma, pero firme en el contenido. Para este cambio, el Vaticano ha contratado a una polémica y joven experta de treinta años llamada Francesca Inmacolata Chaouqui, hija de padre marroquí y directora de comunicación de Ernst & Young. La joven asesora es muy activa en las redes sociales y desprende *glamour* por los cuatro costados. En una de sus primeras declaraciones afirmó: «Mi corazón, mi fe, mi compromiso y mi profesionalidad al servicio de la Iglesia y del Santo Padre. Siempre».[2]

Otro de los fichajes de la Iglesia Católica para este cambio de imagen es el padre Federico Lombardi, un sacerdote jesuita de setenta y tres años, director del Centro Televisivo Vaticano y Radio Vaticano. A pesar de que Lombardi lleva en el cargo desde el año 2006, en los últimos meses ha realizado un gran esfuerzo por adaptarse a la vorágine informativa que produce un papa como Francisco, que en el primer año de pontificado no ha parado de suscitar comentarios, muchos de ellos muy polémicos, y de ocupar los titulares de los medios seculares de todo el mundo.

Además, en esta primera parte indagaremos el cambio de estilo de un papa humilde, cercano, sensible y, como él mismo ha proclamado, «cercano a los pobres».

En la segunda parte profundizaremos en las reformas internas que el papa ha realizado en los primeros doce meses de su pontificado, como la creación de una comisión de ocho cardenales que le informen de la situación de la curia católica y de los cambios que habría que realizar para mejorar su funcionamiento. También analizaremos cómo funciona el complejo gobierno vaticano y cómo ha evolucionado a lo largo de la historia. A los cambios en la curia, desde la sustitución del secretario de Estado vaticano Tarcisio Bertone por Pietro Parolin, nuncio apostólico en Venezuela y un gran diplomático de la Iglesia, hay que añadir la política del papa con el IOR (Instituto para las Obras de Religión) o Banco Vaticano.

También analizaremos el cambio de estrategia dentro de la Iglesia Católica. El nuevo papa quiere evitar el enfrentamiento directo con el secularismo, con el *lobby* gay y con los grupos evangélicos en América Latina, Asia y

África. También desea retomar un diálogo directo con otras religiones, como el islam o el judaísmo.

Los cambios de Francisco no están siendo bien acogidos por todos. Ciertos sectores de la jerarquía y algunos de los fieles más conservadores no aprueban el giro que está dando la Iglesia Católica. También analizaremos este fenómeno de rechazo a las primeras decisiones del papa.

Muchos hablan de los peligros de caer de nuevo en la Teología de la Liberación y en los excesos de los años setenta y ochenta. Entre los que se oponen frontalmente a estas reformas pueden estar el Opus Dei, los Legionarios de Cristo y otros grupos conservadores. Otras partes de la Iglesia Católica tampoco ven con buenos ojos a un papa latinoamericano, como algunas Conferencias Episcopales de Europa y otras naciones del mundo occidental.

Además, analizaremos la posibilidad de limitar el celibato, el nuevo papel de la mujer en la Iglesia y algunos posibles cambios en la liturgia y la forma de culto. En el terreno doctrinal, Francisco es bastante conservador y no se prevén grandes cambios, pero sí en el modelo de Iglesia.

La tercera y última parte analizará la influencia del nuevo papado en el mundo. Algunos de los temas que el papa ya ha puesto sobre la mesa son la condena a la indiferencia de Occidente ante la muerte de los inmigrantes en su intento de llegar a Europa y otros países desarrollados; las injusticias sociales que ha creado la última crisis económica y financiera; la exclusión de los jóvenes del sistema económico y social; la crítica a las guerras como forma de solucionar los conflictos entre naciones, etc.

Francisco ha dado un mensaje claro desde la isla de Lampedusa sobre el trato humanitario a los que tienen que huir de sus países: «Pidamos al Señor que quite lo que haya quedado de Herodes en nuestro corazón [...] ¿Quién ha llorado hoy en el mundo?».[3] En esa misma declaración exhorta a los creyentes a pedir a Dios que les conceda lamentarse de su indiferencia, y a rezar por los que tienen la capacidad de decidir en la economía y la sociedad, que dan lugar a situaciones como la tragedia de Lampedusa.

Otro de los campos de estas reformas externas, y que tiene que ver con la estrategia que ya hemos mencionado, está en la dirección de mejorar las relaciones con el islam. Sin olvidar que en muchos países musulmanes, como Irán, Egipto, Siria, Iraq, Indonesia, Libia o Afganistán, los cristianos son perseguidos, encarcelados y asesinados ante la pasividad de las autoridades y en ocasiones con su colaboración, el papa quiere abrir el diálogo con estos gobiernos. Desde la llamada Primavera Árabe, miles de cristianos han tenido que huir a otros países, mientras la violencia contra las minorías religiosas aumenta sin cesar.

La relación con los políticos tampoco es sencilla. La Iglesia Católica tiene que tratar con regímenes comunistas como el de China, Corea del Norte o Cuba; otros bolivarianos, como Venezuela, Bolivia y Ecuador; también con países de tendencias económicas liberales, como Chile, pero en el que en ocasiones gobierna la izquierda; o con democracias, como Italia o Estados Unidos. En la visita del papa Francisco a Brasil, el sumo pontífice ya mostró cuál iba a ser su línea de actuación con los mandatarios políticos. Analizaremos esta nueva política vaticana.

También hablaremos de la aceptación del nuevo papa en su continente, América. La visión desde Estados Unidos, México, Argentina, Brasil, Chile, Centroamérica o Canadá.

Por último, pondremos la mira en el acento de Francisco en los problemas sociales de la pobreza, el paro, los sistemas financieros o la visión de un estado secular y sus relaciones con la religión.

La revolución pacífica que ha comenzado el papa aún resuena en los oídos de los jóvenes congregados en Río de Janeiro, cuando les comparó el efecto de la fe con el de la revolución copernicana, que nos quita del centro para poner a Dios, de modo que, aunque en principio no se note, lo cambia todo y da como resultado los frutos del Espíritu Santo en el corazón: paz, dulzura, ternura, entusiasmo, serenidad y alegría.[4]

Mientras mi avión volaba a unos 13.000 metros de altitud de regreso a España, ocurrió algo que me hizo pensar que una revolución pacífica era posible. Aquella noche me tenía que quedar sin cena en mitad del océano Atlántico a causa de mis diversas alergias. Resignado a comer solo pan con mantequilla, le pedí a un auxiliar de vuelo que me trajera algún trozo más, para engañar al hambre. Unos minutos después regresó con una ensalada casera. Miré el recipiente blanco y le dije: «Pero esta es su cena, no puedo aceptarla». Él me contestó: «No se preocupe, yo tengo algo más que comer».

Aquel simple gesto me hizo pensar en el poder de las buenas acciones. Antes de bajar del avión le regalé un ejemplar del libro *Francisco: el primer papa latinoamericano* y el hombre se emocionó. Nunca olvidaré su gesto desinteresado. Aquel auxiliar de vuelo se había quitado del «centro de su vida» y me había dado mucho más que un poco de lechuga. Se había sacrificado por un desconocido del que no esperaba recibir nada a cambio.

¿Podrá el papa Francisco llevar a cabo su «revolución pacífica»?

PARTE I

Un cambio de estilo: suave en la forma, firme en el contenido

CAPÍTULO 1

El papa humilde

Dijo que estaría aquí abajo.

—Timothy Dolan, cardenal arzobispo de Nueva York, en el
primer encuentro de Francisco con los cardenales,
cuando rechazó subirse a la plataforma que le colocaba
por encima de ellos[1]

Cuando el papa tuvo que recibir a los cardenales minutos después de su nombramiento, realizó un gesto que muchos consideraron una verdadera muestra de humildad. No aceptó recibirlos sentado en su trono de oro, prefirió esperarles de pie, sin usar la plataforma que le hacía parecer un poco más grande e importante que ellos. Después, cuando los cardenales se aproximaron para besarle el anillo, les recibió con un abrazo y les llamó hermanos.

Esta escena refleja un gesto de humildad, pero ¿eso hace humilde al papa Francisco?

Una de las consideradas siete virtudes del catecismo católico es la humildad. El origen etimológico de la palabra «humildad» viene del latín *humilitas* cuya raíz es *humus,* que significa textualmente «tierra». La humildad no tiene que ver con una muestra externa de sencillez o naturalidad, más bien es el conocimiento de las propias debilidades o limitaciones, que nos lleva a obrar de acuerdo a ese conocimiento.

La propia definición hace difícil que podamos saber si una persona es realmente humilde, ya que se pueden dar los signos externos de humildad y que el individuo que los muestre sea extremadamente orgulloso en su interior. Eso indicaría justo lo contrario, un pecado capital: la soberbia. Por eso cabe preguntarse si Francisco es humilde o más bien actúa humildemente. ¿Su humildad tiene que ver con las formas externas o con un corazón realmente sencillo?

En la actualidad, la mayoría de los lectores conocen algunas de las actuaciones del nuevo papa en el primer año de pontificado, también su origen modesto, a pesar de que la mayor parte de los obispos de Roma procedían de clases privilegiadas.

En el libro *Pontífices*, del escritor e historiador Cesar Vidal, se hace una detallada referencia al origen social de los papas. De los 301 pontífices, 65 eran de origen aristocrático, 11 de ellos eran miembros de la burguesía, 3 hijos de militares y únicamente 14 procedían de familias humildes, el más reciente de los cuales fue Juan Pablo I.[2]

La familia del papa Francisco estaba compuesta por emigrantes piamonteses y genoveses, pero sus padres tenían una posición social de clase media, a pesar de que tuvieron periodos de escasez y enseñaron a su hijo la importancia del trabajo. De hecho, el joven Bergoglio trabajó para pagar sus estudios y aprender la necesidad del esfuerzo.

El padre de Jorge Mario Bergoglio tuvo que emigrar más por razones políticas que económicas. María Elena Bergoglio, la única hermana con vida del papa Francisco, cuenta en una entrevista concedida al *Vatican Insider* que su padre salió de Italia escapando del fascismo de los años treinta.[3]

Ver al hijo de un emigrante político que se instala en Buenos Aires e intenta salir adelante con el apoyo de su familia en Argentina nos habla del origen modesto de Bergoglio. No es de extrañar que el nuevo papa sienta tanta empatía hacia los emigrantes y las dificultades que tienen que sufrir para alcanzar sus sueños. Pero los orígenes modestos de Francisco tampoco determinan si realmente se trata de un hombre humilde.

Primero analizaremos su comportamiento y sus actos simbólicos, que han intentado acercar la figura del papa a los fieles católicos. Después escucharemos sus palabras y pensamientos sobre la actitud que debe tener un sacerdote y un papa ante los fieles.

Los rasgos del líder natural

La humidad no es un valor al alza. La mayoría de los presidentes de gobierno o jefes de estado lucen sus mejores galas en celebraciones exclusivas y no salen de los circuitos de alfombras rojas y círculos sociales privilegiados. Vivimos un verdadero secuestro de nuestros líderes, que, preocupados por la seguridad, se alejan aun más de la gente sencilla de la calle; pero además, su forma de hablar, vestir o comportarse demuestra lo distantes que están del pueblo al que representan.

El cargo nunca hace al líder. No hay nada más frustrante que tener cualidades de líder y encontrarte en una situación en la que tu responsabilidad en una organización es completamente nula. De todos modos, el verdadero líder no deja de serlo por no tener un cargo. Todo lo contrario, en un mundo sin rumbo, en el que hay muy pocos líderes reales, el que lo es de verdad no lo es por el cargo que ostenta. El papa Francisco se está manifestando como un verdadero guía en una época de falta de liderazgo.

El escritor Robin Sharma describe en su fábula moderna, *El líder que no tenía cargo*, los cuatro poderes naturales que demuestran más allá del cargo si alguien es realmente un líder.

El primer poder natural es el de «dar lo mejor de nosotros mismos en lo que hacemos»; el segundo es «el poder de inspirar e influir en las personas que nos rodean»; el tercer poder natural del líder es el de «producir cambios positivos ante las condiciones negativas que nos rodean»; y por último, el cuarto poder natural es «la actitud de tratar a todos los implicados en una organización con respeto, aprecio y bondad».[4] ¿Cumple el papa Francisco estos cuatro principios del verdadero líder?

El papa ha demostrado ser un hombre de una actividad frenética. Sin duda, desde que llegó al papado ha dado lo mejor de él mismo. En este breve intervalo de tiempo ha acometido la mayor reforma dentro de la Iglesia Católica desde el Concilio Vaticano II. A lo largo de este libro veremos sus avances a la hora de reformar la curia, atajar los escándalos financieros, hacer más flexible y cercano al Vaticano, aumentar la transparencia y motivar a los sacerdotes, religiosos y religiosas en su labor apostólica. Francisco cumple este primer principio del liderazgo, «dar lo mejor de uno mismo».

El segundo poder natural es influir e inspirar a las personas que rodean al líder. Si bien Juan Pablo II fue un líder inspirador para muchos católicos, el nuevo papa ha conseguido animar a una Iglesia decaída, desorientada y pesimista. Francisco, poco después de ser elegido, pronunció un discurso emotivo a los cardenales en la Sala Clementina del Palacio Apostólico, en el que dijo: «No nos dejemos llevar nunca por el pesimismo ni por la amargura que el diablo nos ofrece a diario, ni por el desaliento».[5]

El tercer poder natural del liderazgo es el de «producir cambios positivos en condiciones negativas». El papa Francisco encontró una Iglesia Católica pesimista, a la defensiva, golpeada por todo tipo de escándalos y sin aliento. El anterior pontífice, Benedicto XVI, reconoció antes de su retiro que no tenía fuerzas para seguir adelante, cuando se habían destapado las luchas dentro de la curia y el escándalo del Vatileaks.

El cuarto poder natural del liderazgo según Sharma es la «actitud de tratar a todos los miembros de una organización con respeto, aprecio y bondad». Hasta el momento, parece que esa ha sido la actitud de Francisco con sus colaboradores y con los fieles católicos, al considerar la importancia del sacerdote más humilde, el laico más lejano o los pobres que hay en las inmediaciones del Vaticano.

Un mundo de gestos

A Francisco podría denominársele el pontífice de los gestos. Al comienzo de este capítulo mencionábamos uno de los primeros, al tratar de manera sencilla a sus «hermanos» cardenales. Pero a los pocos días de ser elegido los gestos del papa se multiplicaron por todas partes.

Uno de los más evidentes fue la propia indumentaria papal. Si la comparamos con la de su antecesor en el cargo, Benedicto XVI, lo veremos más claramente.

En primer lugar cabe destacar la muceta, la esclavina corta abotonada que usan los doctores universitarios, los magistrados y los eclesiásticos. Mientras que el papa Benedicto XVI llevaba la muceta roja de terciopelo y armiño, ambos símbolos monárquicos, Francisco la viste de un sencillo color blanco. Con este gesto rompe con una larga tradición que proviene del siglo II, cuando San Pedro Damián describió la *cappa rubea*, o muceta roja,[6] como un atuendo distintivo de los papas, que reflejaba su supremacía sobre el poder temporal.

Además, la muceta roja, según la tradición de la Iglesia Católica, es el símbolo que el emperador Constantino dio a los papas en referencia a su poder temporal y espiritual sobre los Estados Pontificios.

Otros pontífices ya habían rechazado la muceta roja, como Pío V en el siglo XVI, pero hacía tiempo que no se repetía.

Este signo de humildad ha sido visto por Massimo Franco, periodista del *Corriere Della Sera* y especialista en el Vaticano, como el fin de la era del papa-rey de la corte vaticana.[7]

La cruz que tradicionalmente portan los papas en el pecho es otro de los símbolos religiosos del sumo pontífice. Benedicto XVI llevaba una cruz de oro con una esmeralda en el centro, aunque a diario utilizaba una de oro sin piedras preciosas. Francisco escogió una cruz de plata oscurecida y sencilla. El anillo de Benedicto XVI también es de oro, mientras que el del nuevo papa es de plata. El oro es símbolo de la realeza, pero también de riqueza y ostentación; no es de extrañar que el papa Francisco, que desea dar una imagen de humildad, rechazara ambos símbolos.

El roquete, otra de las prendas de los papas durante siglos, es una túnica corta de tela blanca rematada con puntillas que llega hasta la altura de las rodillas. Benedicto XVI solía usarlo, pero Francisco se limita a llevar el sencillo hábito o alba, de color blanco.

Los zapatos del anterior papa eran de color rojo, como manda la tradición que viene de la época de los emperadores de Bizancio, como un símbolo más de realeza. Francisco siempre lleva unos zapatos viejos y sencillos de color negro.

El nuevo papa no ha cambiado únicamente de atuendo, también tiene algunas costumbres diferentes a las de sus antecesores, sobre todo en su vida diaria, en su relación con la gente y con respecto a la seguridad.

Las tradicionales habitaciones en el Palacio Apostólico Vaticano son dignas de un rey. Hasta el año 1871, los papas vivían en el Palacio del Quirinal, pero el rey Víctor Manuel II, tras la ocupación de los Estados Pontificios, lo confiscó y los papas tuvieron que residir en el Palacio Apostólico.

El Palacio Apostólico cuenta con unas mil habitaciones, de las que doscientas sirven de apartamentos residenciales del papa. En estas habitaciones están los despachos del secretario de Estado, las oficinas de los altos funcionarios de la curia y la de los colaboradores más cercanos del sumo pontífice.

Las habitaciones privadas de los papas consisten en un despacho privado, un cuarto con baño, enfermería, gimnasio, salón, cocina y una sala de espera. En la planta inferior está la famosa biblioteca del papa, en la que recibe dignatarios y otras visitas.

Francisco renunció a estas lujosas habitaciones con vistas a la plaza de San Pedro y lleva meses en una de las habitaciones de la residencia de la Casa de Santa Marta. Se cuenta la anécdota de que cuando le llevaron a las habitaciones papales exclamó: «Aquí entran 300 personas».[8]

La Residencia de Santa Marta es una de las casas en las que se alojan eclesiásticos de paso por Roma y durante el cónclave es el lugar de descanso de los cardenales.

El gusto de Francisco por lo sencillo y humilde no es nada nuevo, en su etapa como arzobispo cardenal de Buenos Aires renunció al Palacio Episcopal y era un hombre accesible a los sacerdotes de su diócesis. Pero, ¿cuál es la verdadera intención del papa, además de mostrar más sencillez y austeridad?

Muchos han considerado las habitaciones papales del Palacio Apostólico como un museo en el que el obispo de Roma pierde el contacto con la realidad y se convierte en preso de la curia.

La hermana de Bergoglio, María Elena, insinuó este miedo del nuevo papa al aislamiento, cuando describió, en la entrevista concedida a *Vatican Insider*, que una de las cosas que más le impresionó a ella al conocer a Juan Pablo II fue el halo de soledad que percibió en sus ojos.[9] El papa Francisco está intentando evitar ese aislamiento dentro de la corte papal. Por ello asiste a la misa que hace el personal del Vaticano cada mañana y ya ha oficiado muchas de esas sencillas ceremonias privadas. También puede conversar con los residentes que llegan de todas las partes del mundo, tomando el pulso a la vida de la Iglesia Católica y a la actualidad.

Otro de los cambios más significativos ha sido el uso del papamóvil, creado en el año 1979 para proteger a los papas en sus visitas oficiales. Los primeros prototipos fueron furgonetas o pequeños camiones modificados, hasta que en el año 1995 se hizo un modelo para el viaje a Filipinas, que ha ido evolucionando hasta el actual Mercedes-Benz Clase G modificado y pintado de blanco. Francisco se ha resistido a mostrarse en vehículos blindados en la plaza de San Pedro, y en su reciente viaje a Brasil utilizó un vehículo utilitario en el primer desplazamiento. Sin embargo, por el peligro que eso suponía, terminó utilizando un coche semicubierto.

Uno de los últimos intentos del papa por ser más independiente y no tener chofer es su nuevo Renault 4 del año 1984, que le servirá para moverse por la ciudad del Vaticano, sin la necesidad de guardaespaldas o chofer.[10]

Este empeño por la austeridad y el ejemplo de humildad ha llevado a Francisco a ir a los garajes del Vaticano para deshacerse de los autos de lujo que se conservan allí desde hace tiempo. En su visita a los garajes se quedó sorprendido al ver que, además de los tradicionales papamóviles, había medio centenar de vehículos, en su mayoría de lujo, muchos de ellos para uso de los funcionarios vaticanos y la curia, a los que ha pedido más austeridad.[11]

El primer gesto en este sentido lo tuvo tras su nombramiento, cuando se negó a usar el Mercedes negro blindado para trasladarle a la Casa de Santa Marta, subiéndose en el microbús que transportaba al resto de cardenales. En su viaje a Brasil eligió un avión comercial, sin las comodidades de un vuelo privado.

A pesar de todos estos gestos, muchos ven en ellos únicamente pequeñas muestras de humildad, mientras la Iglesia Católica mantiene grandes cantidades de dinero en su Banca Vaticana, un patrimonio tan grande y rico que ningún gobierno del mundo puede competir con él. Por ello, en otro de los capítulos veremos qué está haciendo el papa Francisco a este respecto y si sus palabras y gestos se están traduciendo en acciones concretas.

Humildad en las palabras

Los gestos de Francisco, a pesar de ser eso, gestos, nos muestran a un hombre que recela del lujo, la ostentación y los símbolos de poder. Sin duda, como escribió Shakespeare: «Tus palabras te ennoblecen tanto como tus heridas; unas y otras son la ejecutoria del honor».[12] El nuevo pontífice ha sido pródigo en muestras verbales y declaraciones que apuntan hacia una Iglesia Católica más austera, pero también hacia una forma de ser papa más humilde.

En las polémicas declaraciones a la revista de los jesuitas *Razón y Fe*, cuando le piden que defina quién es Jorge Mario Bergoglio, Francisco contesta: «... no se trata de un modo de hablar o un género literario. Soy un pecador».[13]

Los papas suelen conocerse por el título de «Su Santidad», pero Francisco quiere mostrar con esas palabras que un hombre, a pesar de ostentar el cargo más importante de la Iglesia Católica, no deja de ser un pecador, tal y como dicen las Sagradas Escrituras en la Epístola a los Romanos: «Por cuanto todos pecaron, y están destituidos de la gloria de Dios».[14]

El papa explica en la entrevista por qué se define como un pecador. Lo que comenta es que no se considera digno de su cargo, pues él «únicamente es un pecador en el que el Señor ha puesto sus ojos», e insiste en esa idea de que el Señor le ha mirado.[15]

Francisco, que ha escogido como lema de su pontificado «*Miserando atque eligendo*», que significa «lo miró con misericordia y lo eligió», ha hecho énfasis en la humildad de su cargo. Esta idea está expresada también en el Evangelio de San Mateo, aunque el lema ha sido tomado de una de las homilías de San Beda el Venerable.[16]

En la entrevista de *Razón y Fe*, el papa utiliza una de las máximas de San Ignacio de Loyola y de los jesuitas para explicar su visión del pontificado y de toda su carrera eclesiástica. La frase en latín es: «*Non coerceri maximo contineri minimo Divinum est*».[17] Puede traducirse como: «Cosa divina es no estar ceñido por lo más grande y, sin embargo, estar contenido entero en lo más pequeño». Para San Ignacio de Loyola, Dios está en lo más grande, su creación, el universo, pero también en lo más pequeño e insignificante para los hombres.

Francisco resume esta frase en una curiosa palabra: «magnanimidad». La magnanimidad tiene que ver con la nobleza y la generosidad de espíritu. La define como la virtud de lo grande y lo pequeño, cada cual en la posición que ocupa. Cada uno debe hacer las cosas pequeñas y grandes que le corresponden cada día, según indica el papa.[18]

Esto nos retrotrae a la pregunta que formulábamos al principio: ¿es el papa Francisco un hombre humilde?

Eso lo debe juzgar cada lector, y sobre todo el juez más duro que existe, la propia historia. Está claro que los gestos y las palabras no son suficientes para demostrar humildad, tampoco los hechos. La humildad siempre nace de lo más profundo del corazón. Muchos creen que esa virtud es una debilidad, sobre todo para un líder, pero a este respecto me encantan las palabras atribuidas a Mahatma Gandhi sobre el poder de la humildad, cuando dice que «de manera apacible, se puede sacudir el mundo».[19]

La máxima bíblica de la Epístola del apóstol Pablo a los Filipenses muestra el poder de la humildad cuando dice: «Nada hagáis por contienda o por vanagloria; antes bien con humildad, estimando cada uno a los demás como superiores a él mismo».[20]

La imagen de Francisco, con su maletín en la mano, sigue pegada a mi retina, tan clara como aquel domingo caluroso de julio en la ciudad de Atlanta. Un hombre sencillo con un maletín corriente en la mano, que ejemplifica una postura ante la vida de la que deberían aprender muchos líderes.

CAPÍTULO 2
El papa cercano

No estás sola.

—FRANCISCO, en su llamada telefónica a Alejandra Pereyra[1]

Cuando el teléfono sonó en la humilde casa de Alejandra Pereyra, la mujer lo dejó sonar un buen rato. En las últimas semanas había sufrido mucho. A sus cuarenta y cuatro años nunca había pensado que sería víctima de una violación, y menos a manos de un policía. Al final se acercó al teléfono y preguntó quién era el que la llamaba. Al otro lado de la línea se escuchó una voz algo tímida al principio, pero que en seguida cobró energía, era el nuevo papa.

Francisco había recibido la carta de la mujer unos días antes. Sus palabras le habían conmovido y no había dudado en levantar su teléfono en Roma, en mitad de una vorágine de compromisos y reuniones, para preguntar a una desconocida cómo se encontraba. Después de media hora de charla, el papa le dijo que no estaba sola y que confiara en la justicia.

La mujer se quedó sorprendida al recibir la llamada papal y ha manifestado el deseo de ir a ver a Francisco, quien le prometió que la recibirá si se desplaza hasta el Vaticano.

Muchos pensarán que el pontífice está intentando lavar la cara de la Iglesia Católica con una campaña de *marketing*, pero la realidad es que hasta ahora era muy difícil imaginarse a un papa haciendo llamadas a sus feligreses.

No ha sido el único caso. Hace poco, el papa Francisco mandó un libro a un estudiante italiano de diecinueve años que le había expresado por carta sus ganas de conocerlo en persona. El joven Steffano Cabizza había entregado la carta al cardenal de Castel Gandolfo, la residencia papal de verano, pero no esperaba una respuesta del propio pontífice.

Un día corriente, el joven Stefano recibió una llamada inesperada: «Hola Stefano, soy el papa Francisco. Háblame de tú»,[2] dijo el nuevo papa al joven. El estudiante se quedó tan conmocionado que tardó unos segundos en contestar. Al parecer, hablaron de la fe, pero también de fútbol. El joven declaró que el sumo pontífice le comentó que Jesús y los apóstoles se trataban de tú, y que después le pidió que rezara por él. Stefano confesó a los medios de comunicación que aquel fue uno de los días más bonitos de su vida.

Se han producido otras llamadas y cartas personales. Por eso, algunos medios de comunicación italianos han elaborado, en broma, los consejos de qué temas tocar y no tocar si el papa te llama de repente, aunque creo que el nuevo obispo de Roma no se amedrentaría si le hicieran una pregunta comprometedora.

El último caso que me gustaría destacar fue la llamada a un italiano para consolarle por la muerte violenta de su hermano. Michele Ferri recibió en su localidad, Pesaro,[3] al norte de Italia, una llamada del papa Francisco para consolarle tras el homicidio cometido contra su hermano. Michele no comentó el contenido de la conversación con el papa, porque considera que es algo privado, pero sí la emoción y el ánimo que le produjo su inesperada llamada.

El hombre que lavaba los pies a los presos

El lavamiento de pies no es una práctica muy común en el cristianismo, a pesar de que el propio Jesús la instituyó poco antes de su sacrificio en la cruz. El Evangelio de Juan, capítulo 13, nos relata que antes de la fiesta de la Pascua, cuando iban a cenar, Jesús se puso en pie, tomó una toalla y un lebrillo y comenzó a lavar los pies de sus discípulos. Cuando llegó a Simón Pedro, este le dijo que no le lavara los pies, aunque finalmente accedió, al entender el significado simbólico de aquel acto. El propio Jesús lo reconoció como una afirmación de que el liderazgo cristiano es siempre de servicio y entrega.

A pocos días de llegar a su cargo, en las celebraciones de Semana Santa, Francisco escogió ir a un centro penitenciario para lavar los pies a doce presos juveniles.

El acto se produjo en la cárcel romana de menores de Casal del Marmo, en la Misa de la Cena del Señor del Jueves Santo. El papa lavó los pies de doce de los reclusos, simbolizando el acto realizado por el mismo Jesús antes de su muerte.

Francisco explicó por qué realizaba ese acto simbólico mencionando que era eso lo que Jesús nos enseña, que era su deber cristiano y que le salía del corazón.[4] Después añadió que quienes están en posiciones superiores tienen la obligación de servir a los otros, «... y eso es lo que hago yo lavando los pies, un deber como obispo y como sacerdote».[5]

Naturalmente, no es el primer papa que lava los pies en una ceremonia religiosa. Tanto el emérito Benedicto XVI como Juan Pablo II lavaron los pies a otras personas, pero normalmente lo hicieron a cardenales, obispos u otros miembros de la Iglesia Católica, no a unos delincuentes, algunos de ellos musulmanes, en una cárcel.

El sacerdote de los barrios pobres

El papa Francisco, como buen jesuita, ha dedicado parte de su vida a los más necesitados. La Compañía de Jesús reenfocó su ministerio educativo y apologético en los últimos años, para buscar más justicia social.

Entre sus filas surgieron grandes defensores de la Teología de la Liberación y muchos miembros de la Compañía fueron depuestos de sus cargos, encarcelados y alguno llegó a perder la vida por defender a los pobres en América Latina. También es cierto que otros se acercaron a formas violentas y apoyaron a guerrillas de izquierda.

Francisco nunca estuvo en la línea más radical de la Teología de la Liberación, aunque, por lo que ya hemos apuntado y por sus recientes declaraciones en la revista *Razón y Fe*, él nunca se ha considerado ni un conservador ni un hombre de izquierda.

En mi gira por Estados Unidos fue recurrente la pregunta sobre la posible relación de Bergoglio con la extrema derecha y la dictadura argentina de Videla. Él negó las acusaciones y únicamente fue llamado como testigo en dos casos. El primero fue el de Elena de la Cuadra, una joven desaparecida mientras estaba embarazada, ya que en aquella época su familia había acudido a él para que les ayudara. También fue testigo en el caso del secuestro de dos miembros de la Compañía de Jesús, aunque el papa defendió, en el libro *El Jesuita*, que intentaba ayudar a los dos secuestrados; de hecho, por medio de su intervención fueron liberados.

El periodista argentino Horacio Verbitsky, en su libro *El silencio*, acusa a Bergoglio del secuestro de los dos jesuitas. Se basa en que el hecho de que Bergoglio, entonces general de los jesuitas en Argentina, quitara su protección a los dos sacerdotes permitió que la dictadura los secuestrara. Sin embargo, el papa Francisco no se ha enfrentado a una acusación personal y el único testigo que queda con vida, Franz Jalics, ha declarado que Bergoglio fue clave para su liberación. El nuevo papa recibió a Franz en una audiencia privada el 5 de octubre del año 2013.

Francisco luchó durante mucho tiempo contra los Kirchner por su política económica y por la ampliación de los supuestos legales para abortar o la ley de matrimonios entre personas del mismo sexo.

En el capítulo dedicado a los conflictos internos dentro de la curia hablaremos de la postura del papa ante la Teología de la Liberación y de su ideología política de una manera más detallada.

Durante su ministerio en Buenos Aires, Bergoglio visitaba asiduamente las barriadas más pobres de la ciudad, las llamadas villas miseria. Algunos han visto en esta actitud la coherencia de alguien que predica la humildad y el amor al prójimo.

El rabino Skorka, una de las personas que mejor conoce al papa Francisco, dice de él:

> El pontífice, el primer latinoamericano en ser papa, tiene gran compromiso con la justicia social. No sé exactamente cuáles serán sus acciones, pero lo que predica lo cumple. Por eso no me extrañó, por ejemplo, que no haya ido en el auto especial (tras ser electo): nunca se ha subido sobre el pedestal de la arrogancia.[6]

El rabino Skorka cree que el nuevo papa es sincero en sus palabras y por eso piensa que Bergoglio está manteniendo un diálogo profundo con su conciencia. Skorka afirma que no tiene duda sobre sus valores. Otra de las muestras de cercanía ha sido la elección de su primer viaje oficial a la isla de Lampedusa. Este lugar tiene uno de los mayores centros de acogida de emigrantes del norte de África y otros continentes, y ha visto incrementar la tragedia humana después de la inestabilidad del norte de África y Oriente Próximo tras la llamada Primavera Árabe.

Las leyes italianas promulgadas bajo el gobierno del primer ministro Silvio Berlusconi endurecieron los controles para la entrada de inmigrantes irregulares, llegando a incluir multas y acusaciones a todos los que socorrieran en alta mar a barcos a la deriva con inmigrantes ilegales, lo que ha aumentado el número de víctimas en el mar.

En su viaje a Lampedusa, el papa criticó la globalización y se acercó a los inmigrantes ilegales para hablar con ellos. En los últimos meses del año 2013, la situación empeoró con la muerte de más de 332 emigrantes, de los que se han recuperado los cuerpos de apenas dos terceras partes.

En su visita a Brasil en julio del año 2013, Francisco incluyó para dar uno de sus mensajes la favela pacificada de Varginha, Manginhos, en Río de Janeiro.

La capilla de esta favela problemática de la ciudad es muy humilde y la construyó la gente sencilla del barrio. Las favelas son uno de los sitios en los que se ve el avance de las iglesias evangélicas. En el lugar que visitó el papa, los fieles evangélicos ya suman más de la mitad de los 3.000 vecinos que la componen.

Durante la visita, la policía acordonó la zona para que Francisco pudiera entrar sin ningún problema; en un Brasil repleto de conflictos sociales y manifestaciones, la seguridad es muy importante.

En la pequeña capilla, el papa, entre palabras de aliento y cercanía a los vecinos de ese barrio pobre de Río de Janeiro, declaró que aquella visita había sido prioritaria en sus planes y que hubiera querido estar presente en todos los barrios semejantes de Brasil, «llamar a cada puerta, decir "buenos días", pedir un vaso de agua fresca, tomar un *cafezinho* [...] escuchar el corazón de cada uno...».[7]

El papa Francisco mostró cercanía también en su cotidianidad, no solo en los viajes oficiales. Por ejemplo, el viernes día 9 de agosto de 2013 visitó la zona industrial del Vaticano y estuvo un rato con los obreros de manera improvisada. Además, como ya hemos apuntado, todos los días celebra la misa con los empleados del Vaticano.

La cercanía está en el trato con la gente, pero también en transmitir una imagen de normalidad y sencillez. Cuando le preguntaron por qué cargaba en sus manos el maletín negro durante su viaje a Brasil, Francisco respondió que debíamos habituarnos a ser normales, e hizo una broma sobre el contenido del maletín, que no había ninguna bomba dentro.[8]

La cercanía del papa no se queda en los gestos, como ya hemos comentado; su lenguaje sencillo, el hecho de que hable de temas que preocupan a la sociedad y su sobriedad han conectado con millones de católicos, y con personas agnósticas que estaban desengañadas de algunos malos ejemplos de la curia y de ciertos miembros de la jerarquía.

Mientras Francisco vuela en su sencillo Airbus A330 de Alitalia sin modificar, millones de espectadores observan el final del primer viaje oficial fuera de Italia. El primer reto parece superado, ya que grandes masas han ido a todos los actos organizados por la JMJ en Brasil, los medios de comunicación de todo el mundo han informado sobre el viaje y las decenas de anécdotas y gestos del nuevo pontífice han quedado en la retina de millones de espectadores.

Unos minutos antes de la salida del papa hacia Roma, yo me dirigía en el metro de la ciudad de Atlanta al *downtown*, para descansar en el hotel. La tarde era bochornosa y la ciudad parecía tomada por los turistas. Me senté en uno de los asientos del vagón y pensé que, con un papa como este, un día de estos vería a cardenales, obispos y arzobispos viajando en los vagones de cualquier suburbano del mundo y no me causaría sorpresa.

CAPÍTULO 3

El papa sensible

Un hijo del barrio [...] fue elegido para suceder a un
pescador, que a su vez es representante de un carpintero.
Oficios humildes, de barrio.

—IGNACIO BOULIN, sobre el papa Francisco y las fiestas del
barrio en el que se crio[1]

Un niño vestido con la camisa de la selección nacional de Brasil se acercó a Francisco mientras este desfilaba por las calles de Río de Janeiro. El niño logró que el papa le abrazase y no tardó en llorar al sentir la cercanía del religioso. Este le respondió apretando sus mejillas, mientras no podía evitar emocionarse y dejar escapar algunas lágrimas.

Para los católicos, el papa es un símbolo de la Iglesia, algo que cuesta entender a los que no son católicos. Muchos le reciben como un héroe o un santo, pero Francisco siempre suele mostrar su lado más humano.

Tal vez uno de los grandes pecados del cristianismo a lo largo de su historia ha sido olvidar la sensibilidad de su fundador. Jesús siempre mostró su compasión ante los más desfavorecidos y ante una sociedad que caminaba confusa hacia su destrucción.

Las palabras de lamento de Jesús ante Jerusalén, que era el símbolo nacional de Israel y también el centro de la fe judía, están repletas de esa gran sensibilidad. Pero la escena más emotiva de Jesús fue ante la tumba de su amigo Lázaro: allí dejó que sus lágrimas expresaran todo el dolor y el sufrimiento de la pérdida y el amor hacia los buenos amigos.

Vergüenza

Cuando se produjo la tragedia del barco hundido frente a las costas de la isla de Lampedusa, el papa, en un arranque de sensibilidad y horror, pronunció unas palabras que recorrieron el mundo entero: «La palabra que me viene es vergüenza, una vergüenza.[2]

La sensibilidad del pontífice ante el sufrimiento del ser humano entra en la esfera de su fe personal. Cualquier cristiano tiene que sentir empatía por los que sufren, pero un siervo de Dios mucho más.

La piedad de Francisco le ha llevado a ser uno de los papas que más cartas recibe, se calcula que unas 2.000 diarias. La gente cree que el papa va a entender su situación y a ponerse a su lado, por eso intenta comunicarse con él. Desde la carta dirigida a un músico argentino encerrado en la cárcel tras la muerte de 194 personas en una discoteca, al que le dice: «Todo pasa. Métele fuerza»,[3] hasta invitar a un joven con síndrome de Down al papamóvil, derrocha muestras de esa sensibilidad, que pueden contarse por decenas en estos pocos meses de pontificado.

Tal vez uno de los problemas de la sociedad actual sea precisamente su falta de sensibilidad, ya que muchos perciben que ser sensible es ser débil. Pero es uno de los principios básicos de la humanidad.

Cosas como tener en cuenta a todos, por simple o sencilla que sea su función, no hacer distinción de personas o respetar la dignidad de los que te rodean son herramientas necesarias para cambiar el mundo por medio de una revolución pacífica, la que el papa Francisco quiere poner en marcha.

Eso debió pensar Anna Romano. Estaba a punto de abortar a su hijo, pero antes escribió una carta al papa explicándole su situación y recibió una llamada del mismo Francisco. La mujer se quedó sin palabras. El papa le preguntó cómo se encontraba. Después ella le planteó la cuestión de que, si tenía a su hijo, qué sacerdote católico aceptaría bautizarle al ser ella una mujer divorciada y su segundo hijo no tener padre reconocido. Él le contestó que si ningún sacerdote lo hacía, él mismo le bautizaría.[4]

No juzgues

Esta sensibilidad y comprensión van en línea con las polémicas declaraciones que realizó el papa acerca de la homosexualidad en el vuelo de regreso a Roma tras su viaje a Brasil. Declaró que él no es quién para juzgar a una persona cuando esta «es gay y busca al Señor y tiene buena voluntad». Citó para apoyar su afirmación el Catecismo, que aboga por no marginar a tales personas, sino integrarlas en la sociedad.[5] Naturalmente, Francisco no está a favor de la práctica homosexual, pero con estas palabras quería hacer ver a la prensa que él no es nadie para juzgar a otros, como Cristo mismo enseñó en la Biblia, por ejemplo cuando dijo que con la misma vara de medir con que medimos seremos medidos.[6]

El papa quiere mostrar más la sensibilidad de una Iglesia Católica que espera y acoge a los que vuelven arrepentidos y llenos de preguntas, que a una Iglesia que condena los pecados de la sociedad. Jesús no aprobó la conducta de la mujer adúltera, pero le dijo: «Vete, y no peques más».[7] Tampoco condenó al publicano Zaqueo, que prevaricaba y hacía cohecho, pero el impacto de Jesús en su vida le llevó a devolver con intereses lo que había robado y a repartir la mayor parte de su fortuna entre los pobres.

Los ateos y el cielo

Algo parecido ha sucedido en las declaraciones del papa con respecto a los ateos, cuando Francisco afirmó que ellos pueden hacer el bien a pesar de no creer en Dios, ya que Cristo murió por todos. En un primer momento se entendió que los ateos, sin creer en Dios, pueden acceder a la salvación, pero un vocero del Vaticano, Thomas Rosica, puntualizó al día siguiente en una nota que decía que las personas alejadas de la Iglesia Católica «no pueden ser salvadas» si «se niegan a entrar o permanecer en ella». Rosica también escribió que «todo hombre o mujer, sin importar su situación, puede ser salvado. Incluso los no cristianos pueden responder a esta acción salvadora del Espíritu».[8]

En el fondo, lo que el papa defiende es el diálogo con todos. No hay contrincantes ni personas que tengan que ser excluidas de un diálogo sincero de la fe.

Francisco lo resume en las palabras dirigidas a un agnóstico italiano, el director del periódico *La Repubblica*. En su carta señala que sería muy bueno, incluso un valioso deber, tanto para ellos dos como para la sociedad en general, dialogar sobre la fe, centrándose en la predicación y la figura de Jesús.[9]

El diálogo siempre acerca a las personas. No pasa lo mismo cuando este se convierte en discusión o controversia. Cuando dos posturas se radicalizan y dejan de oírse, ya no existe la comunicación. La sensibilidad del nuevo papa está sazonada por el diálogo. En el mismo, te pones por un momento en la piel del otro e intentas pensar como él. Nunca se espera vencer, simplemente compartir con el prójimo tus vivencias y experiencia.

La sensibilidad de Francisco es una muestra de la que debe tener todo cristiano, pero también cualquier persona, sea de la religión que sea, que tenga marcado en su agenda al prójimo como prioridad en su vida.

En las palabras del papa, el gran potenciador de la sensibilidad es el amor «ágape» que Cristo expresó. El gran problema del hombre, según expresa Francisco, es el narcisismo. Dicha actitud es una enfermedad, un amor desmedido por uno mismo. Nuestra sociedad vive de esa tendencia narcisista y egocéntrica.[10]

El amor al prójimo tiene que ser genuino, no impostado. El papa Francisco lo comenta al director de *La Repubblica* cuando le dice que ese es el amor que predicó Jesús, que no es proselitismo, sino «levadura que sirve al bien común».[11]

Esas muestras de amor y sensibilidad las podemos ver por todas partes. Mi última noche en California, antes de volar a Atlanta para continuar la promoción del libro *Francisco: el primer papa latinoamericano*, hicimos una presentación en la Librería Martínez, en la ciudad de Santa Ana. Aquel establecimiento tenía su historia singular, la de un barbero metido a librero para facilitar libros en español a niños y jóvenes pobres de su comunidad. Esa sensibilidad es la que necesita nuestro mundo.

La actitud sensible está en mirar a la persona, reconocer su situación y, en la medida de lo posible, cubrir sus necesidades. En el fondo es amor en estado puro, nada de sentimentalismos, verdadera esencia del dar sin esperar nada a cambio.

CAPÍTULO 4

El papa de los pobres

La caridad que deja a los pobres tal y como están no es suficiente. La misericordia verdadera [...] pide justicia.

—FRANCISCO en el Centro Astalli, gestionado por los jesuitas
en Roma[1]

La primera vez que visitas la Gran Manzana de Nueva York te quedas impactado por la grandeza y riqueza que es capaz de acumular el ser humano. Tienes la sensación de que entre las calles de Manhattan uno puede soñar ser cualquier cosa, que aquella isla es el centro del mundo.

Después de una entrevista en los informativos de primera hora de la mañana de Univisión, Jake Salomon y yo regresábamos en un taxi a Manhattan desde New Jersey. Cruzamos el puente George Washington y nos quedamos atrapados en el tradicional atasco de cada mañana temprano. Teníamos que tomarnos la situación con paciencia, aunque antes de irnos de Nueva York aquel día nos quedaban tres o cuatro entrevistas.

Mientras intentábamos cruzar el nudo de autopistas vi que se acercaba hasta nosotros un joven rubio, que en su rostro reflejaba una mezcla de temor y desesperación. Sus ojos azules brillaban a pesar de su aspecto desaseado y su piel cetrina. En las manos llevaba un cartón que decía: «Tengo hambre. Por favor, ayúdame. Dios te bendiga».

Miré al joven desde el asiento trasero del taxi y algo se removió dentro de mí, como si me viera reflejado en él. *Todos podríamos llegar a esa situación tomando las decisiones incorrectas*, pensé. Después le pedí a Jake que bajara la ventanilla y le alcancé algo de dinero. ¿Por qué había tanta pobreza en un lugar tan rico?

Naturalmente, la pobreza se encuentra en todos los rincones del mundo, también en mi amada ciudad de Madrid, donde, debido a la crisis, la cantidad de personas sin techo y sin recursos se multiplica cada año.

El propio Jesús hizo una declaración hace 2.000 años que tristemente se ha cumplido: «Siempre tendréis pobres con vosotros».[2]

La iglesia en general ha tenido un llamado especial ante los pobres y necesitados. La Iglesia Católica, dentro de sus profusas labores sociales, ha dado prioridad a las obras benéficas, pero ¿eso significa que el pontífice tenga que ser un «papa de los pobres»?

El cardenal de los mendigos de Roma

No es normal ver a un cardenal agachado o en cuclillas frente a un mendigo cerca de la suntuosa plaza de San Pedro en Roma, mientras habla con un mendigo. La mayoría de los altos cargos de la Iglesia viajan en coche oficial y es poco corriente que se den un paseo por los alrededores del Vaticano. Bergoglio solía viajar en un avión comercial cada vez que era convocado a Roma y después tomaba un taxi desde el aeropuerto hasta San Pedro. En muchas de esas ocasiones se pasaba antes por los alrededores del Vaticano para darles unas monedas a los mendigos y hablar con ellos.

Lo que imagino que no esperaban los mendigos de los alrededores de la Santa Sede era que el papa los invitaría a cenar en el Vaticano. El 1 de julio de 2013, varios religiosos invitaron a los mendigos que Francisco había saludado y a otros muchos para que les acompañaran en una cena muy especial.

La cena se realizó en los jardines de la Gruta de la Virgen de Lourdes. Allí estaba presente el cardenal Bertello, pero también el mismo papa Francisco. La organización corrió a cargo del Círculo de San Pedro, grupo católico que gestiona los albergues y refugios en la ciudad de Roma. Los miembros del Círculo sirvieron como camareros ayudados por sus familias, atendiendo a los mendigos. Al terminar la cena les dieron algunos paquetes con algo de comida,[3] antes de dejarlos partir.

Aunque estos gestos no pueden terminar con las injusticias sociales, con los problemas de la gente sin techo ni con la pobreza, al menos muestran una sensibilidad hacia el tema mayor que la de muchas personas que ostentan cargos importantes.

Francisco, en su lucha contra la pobreza, va mucho más allá del gesto de invitar a unos mendigos a cenar al Vaticano. En sus numerosas homilías y discursos ha dejado clara su apuesta por los pobres, justo en un mundo en recesión donde la pobreza está alcanzado a naciones antes ricas, como muchos países de Europa.

En su visita al Santuario de Asís, el papa realizó duras críticas primero a la Iglesia y después a la sociedad por su impasibilidad ante la pobreza. El pontífice dijo que la Iglesia debe despojarse de un peligro gravísimo, el de la mundanidad, el de la vanidad, el de la prepotencia, el del orgullo, el del dinero.[4]

Justo entre los muros del santuario dedicado a Francisco de Asís, el santo del que toma su nombre, el nuevo papa reclamó la austeridad como única manera de salvarse del naufragio moral. Afirmaba en aquel discurso que el cristiano está llamado a confiar más en Dios y menos en sí mismo. Por eso añadió que «todos estamos llamados a ser pobres y por eso debemos aprender a estar con los pobres, compartir, tocar la carne de Cristo».[5] Añadió que el cristiano no puede conformarse con hablar de los pobres, sino que debe acudir en su ayuda, entrar en contacto directo con ellos.

El papa pone a Cristo como modelo de persona cercana a los pobres. La mayoría de sus primeros discípulos fueron personas sencillas y el grueso de las multitudes que le seguían lo formaban los desheredados y los pobres. Esto contrasta con una Iglesia Católica que muchas veces ha estado al servicio de los más poderosos y ricos. Francisco parece empeñado en cambiar eso. Aunque la reflexión del papa va más allá del simple concepto de caridad del que muchos le han acusado.

En la visita del papa al Centro Astalli, gestionado por jesuitas, realizó unas interesantes declaraciones sobre la diferencia entre cubrir una necesidad y crear igualdad social.

Para él no es suficiente con dar un sándwich o recoger a alguien de la calle. El papa cree que la caridad que deja a los pobres tal y como están no es suficiente. Francisco apunta más a la justicia social, argumenta que Dios nos enseña a pedir justicia, para que los pobres dejen de serlo.[6]

El discurso del nuevo papa no parece la típica actitud piadosa y está más cerca de un evangelio de justicia social, de esa revolución pacífica de la que estamos hablando en este libro y que trasciende a la propia Iglesia Católica y llega a transformar la sociedad entera.

Francisco denuncia en la visita al Centro Astalli la pasividad de muchos cristianos ante un mundo sufriente. El cristiano, según él, no puede negar la realidad y pensar únicamente en sí mismo. Insta a los creyentes a preguntarse si se implican en la ayuda a los necesitados o temen ensuciarse las manos, si están encerrados en sí mismos o se fijan en los demás, siguiendo el ejemplo de Cristo. Para Francisco, es muy importante mirar a los ojos de quienes necesitan justicia, no volver la vista a otro lado.[7]

Sin duda, estas palabras recuerdan las de Santiago en su famosa epístola universal. En ella, el apóstol critica el trato discriminatorio de algunas congregaciones del primer siglo a los pobres. Al final de su carta hace una denuncia contra los ricos opresores y su abuso hacia los más pobres.[8]

Un Vaticano rico puede acercarse a los pobres

El papa Francisco, lo hemos visto a lo largo de estas páginas, está llevando a la Iglesia Católica hacia una idea de justicia social y ayuda a los necesitados como nunca antes, pero este mensaje ¿es coherente con la institución religiosa más rica del planeta?

Muchas críticas vienen de parte de los que ven una contradicción entre la ostentación de la Iglesia Católica y el mensaje de Francisco. El mismo papa ya ha contestado a los críticos sobre las riquezas del Vaticano que él desea una Iglesia para los pobres. Lo ha dicho en muchas ocasiones, aunque una de las más claras fue en su discurso del 16 de marzo de 2013 en la ciudad del Vaticano.[9]

Frente a ese deseo está un patrimonio difícil de calcular y un Banco Vaticano, o Instituto para las Obras de Religión, que siempre ha estado en el punto de mira por su falta de transparencia y por las acusaciones sobre el blanqueo de dinero y otras actividades ilícitas.

¿Puede un papa cambiar la realidad de la Iglesia Católica bajo su mandato?

La respuesta categórica es que no, pero lo que sí puede hacer es crear una línea que otros tengan que continuar. Las reformas que Francisco ya ha comenzado en el IOR las analizaremos más adelante, pero sin duda no pueden retrasarse más si se quiere lograr una nueva visión de la Iglesia Católica, alejada de la riqueza y el poder.

Lo que también puede cambiar el papa de forma exponencial es en qué se gasta el dinero la Iglesia de Roma. Debe terminar con el derroche y los escándalos de corrupción que destapó el escándalo Vatileaks.

El trabajo no va ser sencillo. Francisco no tiene control directo sobre las decenas de organizaciones, órdenes monásticas, diócesis y diferentes instituciones católicas. Estamos hablando de miles de millones de dólares, muchos de ellos sin declarar, ya que en muchos países los donativos no tributan. También de cientos de millones que la Iglesia recibe de países y empresas.

El poder terrenal del papado y su riqueza siempre han sido grandes escollos cuando se ha intentado cambiar las cosas, pero lo que sí parece claro es que Francisco está dispuesto a ponerse serio a este respecto.

El ala más conservadora de la Iglesia Católica no parece estar muy de acuerdo con estas reformas y ya han surgido las primeras voces críticas contra el papa. Algunos le han acusado de apoyar la Teología de la Liberación y otros le han llamado el «papa bolivariano», en referencia a los movimientos populistas de izquierda que han surgido en América Latina a partir de las ideas de Hugo Chávez y Fidel Castro.

Los más osados hablan de la posibilidad de un magnicidio si el papa Francisco continúa con sus reformas. En la revista de los jesuitas en España se reproducía una viñeta en la que se regalaba un chaleco antibalas al papa Francisco.[10] No olvidemos que la repentina muerte de Juan Pablo I, que apenas duró treinta y tres días en su cargo, cuando intentó poner en claro las cuentas del Banco Vaticano y el Banco Ambrosiano, siempre ha levantado sospechas sobre un posible asesinato del papa, aunque nunca se ha podido demostrar nada al respecto.

Un papa crítico con el sistema

Las críticas de Francisco hacia la riqueza excesiva de fieles y de la propia institución han sido contundentes, pero también hacia el sistema económico actual.

En su visita a Brasil, Francisco habló en varias ocasiones contra el sistema económico injusto que excluye a los más jóvenes, maltrata a los ancianos y crea grandes desigualdades sociales.

En primer lugar criticó la falta de trabajo y cómo esta afecta a la dignidad de las personas: «Discúlpenme si uso palabras duras, pero donde no hay trabajo no hay dignidad».[11]

Mientras el papa Francisco daba este discurso en Cerdeña, un desempleado italiano llamado Francesco Mattana habló con él de su situación al perder el trabajo que tenía en una empresa de energía alternativa. Era ahora un padre de cuatro hijos, que a sus 45 años no encontraba una forma honrada de ganarse la vida.

Las palabras de Francisco fueron claras y contundentes, dijo que no quería un sistema económico globalizado que causara tanto daño. Añadió que son los hombres y mujeres, no el dinero, quienes deben estar en el centro de un sistema económico, como Dios quiere. Terminó diciendo que el mundo se ha convertido en un idólatra de «este dios llamado dinero».[12]

El mensaje del papa Francisco entronca de nuevo con la Biblia, en ella se habla de la imposibilidad de servir a dos señores: a Dios y a las riquezas.

El mundo se mueve en las aguas difíciles de crisis económica y el aumento de la pobreza, al mismo tiempo que, según informes de diferentes países, los millonarios crecen en Brasil,[13] España[14] y otros lugares.[15]

Mientras nuestro taxi recorría de madrugada las calles solitarias de Manhattan en dirección al aeropuerto de La Guardia, aquella tranquilidad me hizo pensar en la bulliciosa ciudad de por la mañana, entre el frenesí de los ejecutivos y el caminar pausado de los sin techo. Las desigualdades siempre han existido y siempre existirán, pero una pregunta surcaba mi cabeza: ¿podemos hacer algo para que la gente tenga la oportunidad de salir de la pobreza?

PARTE II

Reformas internas: más democracia y transparencia dentro de la Iglesia Católica

CAPÍTULO 5

Cambios en la curia

Se han vertido sobre mí algunas acusaciones [...] ¡He sido víctima de una red de cuervos y víboras!

—TARCISIO BERTONE, secretario de Estado vaticano[1]

Era un otoño templado y la ciudad de Roma nos recibió con su agradable espectáculo de calles floridas, fachadas negras por la contaminación y un tráfico ruidoso y constante. Mi esposa y yo veníamos de Florencia, una de las maravillas del mundo, pero Roma tenía un gran significado para mí, por su gran legado.

Para un historiador, Roma es el principio de muchas cosas, por eso aquella tarde de domingo, mientras paseábamos por las ruinas del Foro con la mente puesta en las glorias de un imperio desmoronado ante nuestros ojos, no me extrañó que hubieran llamado a aquel lugar «La ciudad eterna».

Al día siguiente teníamos planeado ir al Museo Vaticano y visitar la imponente basílica y la famosa plaza de San Pedro. Por eso, el lunes nos levantamos temprano, tomamos un autobús y en media hora estábamos ante la imponente plaza. Aquella magnifica joya de la arquitectura escondía casi quinientos años de historia y los mayores tesoros artísticos de la humanidad. Mientras recorríamos la inmensa basílica y nuestros ojos se perdían en los frescos y las estatuas de mármol, no pude evitar pensar que esas inmensas losas de las piedras más bellas de Italia aprisionaban en cierto sentido a la Iglesia Católica.

La curia romana

Los hombres necesitan formas de gobierno para organizarse, reglar su convivencia y proyectarse hacia el futuro. La iglesia cristiana también ha tenido necesidad de crear sistemas de gobierno. Algunos han sido asamblearios, como el de las iglesias congregacionalistas, otros episcopales, algunos patriarcales, y la Iglesia Católica ha elegido por su tradición el gobierno papal.

Durante mucho tiempo, la Iglesia Católica gobernaba, además de un grupo de fieles, un territorio físico llamado los Estados Pontificios y la ciudad de Roma. Para ello creó un sistema de gobierno que fue evolucionando hasta llegar al estado actual, el de la curia romana.

La curia vaticana no es un único organismo, realmente es un conglomerado de órganos de gobierno que rigen varias áreas de la Iglesia Católica. Las instituciones en las que está dividida la curia se llaman dicasterios y todos deben rendir cuentas al papa, que es la autoridad máxima.

Pablo VI fue uno de los que puso en orden algunos órganos de la curia vaticana que habían quedado obsoletos, cuando, en 1870, el papado perdió el control político sobre la ciudad de Roma y los Estados Pontificios, tras la unificación de Italia.

Pablo VI fue un papa previsor, llevaba treinta años trabajando en la curia y era consciente de sus deficiencias, por eso puso manos a la obra en cuanto pudo. Además, dicho papa intentó que esas reformas se aplicaran paulatinamente para no causar un colapso en la curia, pero con su *Pontificalis Domus* y con el decreto *Christus Dominus* cambió y modernizó la curia.

Entre los cambios introducidos destacaron la reducción del sistema burocrático del Vaticano, un mayor peso de los no italianos, no solo los no romanos, en el gobierno de la Iglesia y la reorganización de las congregaciones existentes.

En el decreto *Christus Dominus*, el papa se apoya en los dicasterios para realizar su labor, pero sobre todo estos están al servicio del gobierno de la Iglesia Católica, no para ser servidos por ella.[2]

La curia vaticana, según la importancia y autoridad en el gobierno, se divide en varios pontificios consejos y congregaciones, que rigen la parte eclesiástica, mientras que el gobierno del estado cae en los dicasterios. El poder en la curia está repartido entre todos los organismos, pero el supervisor y responsable de las funciones políticas y diplomáticas del gobierno de la Ciudad del Vaticano es el secretario de Estado.

Las congregaciones son los órganos que garantizan algunos puntos básicos de la Iglesia Católica, como son la doctrina (Congregación para la Doctrina de la Fe), el culto (Congregación para el Culto Divino y la Disciplina de los Sacramentos), o la elección de nuevos obispos (Congregación para los Obispos), entre otras muchas.

Los consejos pontificios son órganos que tienen más bien una función de estudio sobre temas relacionados con el gobierno y la doctrina. Por ejemplo, el Consejo Pontificio para Laicos tiene como función la coordinación y promoción del apostolado de los laicos. Una actividad de este consejo es, por ejemplo, la organización de la Jornada Mundial de la Juventud.

Podríamos decir que las congregaciones velan por el funcionamiento de la organización y la administración y que los consejos pontificios lo hacen por los fieles, su cuidado y formación.

La Secretaría de Estado es el órgano más antiguo de la curia y el que más poder ostenta. Fue creada en el año 1487, aunque ha recibido varias transformaciones a lo largo de su historia, la última de las cuales fue la Constitución Apostólica de 1988, realizada por Juan Pablo II.

Las dos funciones principales la Secretaría serían las que se realizan en la Sección de Asuntos Generales, que correspondería a un Ministerio de Interior, y en la de Sección de Relaciones con los Estados, que sería equivalente a un Ministerio de Asuntos Exteriores de un país moderno.

El secretario más poderoso de la Iglesia Católica

El arzobispo y cardenal de la Iglesia Católica Tarcisio Bertone fue el último secretario de Estado en el Vaticano, hasta su sustitución el 15 de octubre por el nuncio de Venezuela Pietro Parolin, también de origen italiano.

Tarcisio Bertone fue secretario de Estado durante algo más de siete años. Tras la muerte de Juan Pablo II, fue elegido por Benedicto XVI para sustituir al español Ángelo Sodano. Bertone era uno de los hombres de confianza de Benedicto XVI, ya que colaboró con el papa en la Congregación para la Doctrina de la Fe durante años, cuando este era prefecto. La actuación de este secretario de Estado se ha visto jalonada de polémicas, incluida su destitución hace unos meses.

Bertone ha estado detrás de los últimos escándalos del Vaticano y ha contribuido en alguna manera a la renuncia del mismo Benedicto XVI.

Vatileaks destapa la caja de los truenos

Las relaciones del papa Benedicto XVI con su secretario de Estado se deterioran en los últimos años de su pontificado. La publicación del libro *Las cartas secretas de Benedicto XVI*, escrito por el periodista Gianluigi Nuzzi, destapó algunos de los escándalos financieros que estaban sucediendo en el Vaticano.[3]

La traición del mayordomo de Benedicto XVI, Paolo Gabriele, su detención y el juicio mediático que le siguió hicieron casi insostenible la situación del secretario de Estado Bertone.

El libro de Nuzzi apuntaba a supuestos sobornos, destituciones interesadas por denunciar la corrupción de algunos miembros de la curia Vaticana y otros asuntos turbios. El caso fue denominado el Vatileaks de la Iglesia Católica y obligó a Benedicto XVI a crear una comisión que investigara los hechos y entregara un informe al papa. Informe del que hablaremos un poco más adelante.

Benedicto XVI respondió al escándalo con una escueta nota que reconocía la tristeza que le habían provocado esas noticias, pero señalando que una parte de la prensa había imaginado y amplificado tramas «gratuitas y que han ido mucho más allá de los hechos, presentando una imagen de la Santa Sede que no responde a la realidad». Expresó asimismo su confianza en quienes le ayudaban y su deseo de animar a sus colaboradores.[4]

Este breve comunicado no terminó con los comentarios ni las sospechas, lo que todo el mundo se preguntaba tras la llegada del papa Francisco era: ¿qué cambios iba a realizar en la curia vaticana?

La corte vaticana es la lepra del papado

El nuevo papa no tuvo prisa en cambiar a su secretario de Estado. Su primera medida con respecto a la curia fue la creación de una comisión de ocho cardenales externos que estudiaran la situación del gobierno de la Iglesia Católica y le entregaran un informe en octubre de 2013. Quería no precipitarse en sus decisiones, para evitar ponerse en contra de todos los funcionarios del Vaticano.

La comisión que formó el papa estaba compuesta por el italiano Giuseppe Bertello, el chileno Francisco Javier Errázuriz, el alemán Reinhard Marx, el indio Oswald Gracias, el congoleño Laurent Monsengwo Pasinya, el australiano George Pell, el estadounidense Sean Patrick O'Malley y el hondureño Óscar Andrés Rodríguez Madariaga.

Cuando le preguntaron al papa Francisco en la entrevista concedida a la revista de los jesuitas *Razón y Fe* sobre esta comisión de 8 cardenales, le dijo al periodista que la consulta a ese grupo externo no era decisión solamente suya, sino resultado de la voluntad expresada por los cardenales en las congregaciones generales previas al cónclave.[5]

En el cónclave de 2013, muchos cardenales pidieron que el informe encargado por el papa Benedicto XVI llegara a todos los miembros del Colegio Cardenalicio. Durante mucho tiempo, el poder de dicho Colegio se ha concentrado en apoyar las decisiones del papa, asistir a las reuniones convocadas por este y confirmar a sus nuevos integrantes, pero algunos miembros creen que su peso debe aumentar en el gobierno vaticano.

Francisco quiere dotar al Consejo Cardenalicio de más poder práctico, y por ello, la elección de los ocho cardenales para transformar la curia va en esa dirección.

Muchos ya hablan de una guerra abierta entre algunos miembros de la curia vaticana y el propio papa Francisco. En la larga entrevista con Eugenio Scalfari, director del periódico *La Repubblica*, el papa hizo varios comentarios muy duros sobre la corte del Vaticano. Ante la pregunta de Scalfari sobre si había muchas personas narcisistas entre los jefes de la Iglesia, el papa Francisco respondió afirmativamente, achacando ese narcisismo y esa vanidad a la influencia de los cortesanos. Fue entonces cuando pronunció la famosa sentencia: «La corte es la lepra del papado».[6]

El periodista se quedó tan sorprendido ante la respuesta del papa que hizo hincapié en a quiénes se refería exactamente como los cortesanos y si estaba hablando de la curia. El papa respondió de nuevo que no, que en la curia puede haber cortesanos, pero que en su concepción es otra cosa diferente.

Para él es lo que en los ejércitos se llama intendencia, que gestiona los servicios que ayudan al funcionamiento de la Santa Sede. Pero tiene un defecto, según Francisco, y es que es vaticanocéntrica. Ve y cuida de los intereses del Vaticano y descuida los del mundo que nos rodea. Por eso el papa no comparte esta perspectiva y comentó que hará lo que pueda para cambiarla.[7]

La reforma que el pontífice tiene en la mente va más allá de la sustitución de ciertos cargos eclesiásticos o la reorganización de la parte administrativa, lo que él quiere es que la curia y la Santa Sede se pongan al servicio de la Iglesia y los fieles, no al revés.

Una Iglesia más horizontal

Francisco ha definido el nuevo modelo que tiene en mente como una Iglesia más horizontal. El camino de la Iglesia Católica, según el papa, no puede ser el mismo. Su nombramiento de ocho cardenales está entroncado en esa nueva visión del gobierno de la Iglesia. Por ello, ha elegido a personas de confianza pero alejadas de la corte papal, para que no se dejen influir por ella. Personas a las que él describe como «sabias y animadas por mis mismos sentimientos».

Esta nueva visión de la Iglesia Católica abre el camino a una mayor participación de todos los sectores, incluidos los laicos. El papa incluye en esta nueva gobernanza la importancia de los concilios y los sínodos.[8] En el fondo es una manera de descentralizar la Iglesia.

Curiosamente, las decisiones de los ocho cardenales elegidos no se han hecho públicas, tampoco sus conclusiones. Además, las reformas se harán despacio, a «paso de cardenal», según declaró el portavoz del Vaticano Federico Lombardi.[9]

Tampoco trascendió a la prensa el informe creado tras el escándalo Vatileaks. Los cardenales De Giorgi, Herranz y Tomko facilitaron su informe a Benedicto XVI y este lo entregó a Francisco a los pocos días de ser elegido en su cargo.

El nuevo papa, en una entrevista concedida en Brasil, sí ofreció algunos apuntes sobre varias de las cuestiones expresadas en ese informe secreto. El periodista de la cadena *Globo News*, Gerson Camarotti, logró extraer unas interesantes afirmaciones del papa sobre ese informe secreto. Francisco comentó al periodista que en el informe se habla de los escándalos, de quién filtró la información y de la idoneidad de crear una comisión que busque qué parte de la curia había que reformar. No obstante, el papa añadió en la entrevista que las reformas serán paulatinas y no muy rápidas.[10]

A pesar de las palabras del pontífice, algunos pequeños cambios sí se han producido ya, como la elección de un nuevo secretario de Estado, la figura más poderosa de la Iglesia Católica después del propio papa. También se están produciendo cambios importantes en el Banco Vaticano o IOR.

En su comparecencia del 3 de octubre de 2013, Federico Lombardi, portavoz del Vaticano, comentó que se cambiaría la actual constitución de la curia *Pastor Bonus* por una nueva y que se daría en la Iglesia Católica un papel de protagonismo a los laicos. También habló Lombardi de una descentralización de la curia, que pasa a ser una institución de servicio y no el centro de poder de la Iglesia de Roma.

En el informe, al parecer, se propone además cambiar el nombre de secretario de Estado por secretario del papa, para no llamar a equívocos. También puede que el informe hable de la creación de un moderador de la curia. Además, también se plantea el cambio de las relaciones entre los jefes de dicasterio y el papa.[11]

Un día antes, el 2 de octubre de 2013, el papa Francisco hablaba de la necesidad de profundizar en el Vaticano II al tratar la reforma de la curia.[12] Por tanto, aunque se ha apuntado hacia dónde pueden ir los cambios, estos no se han llegado a concretar plenamente.

El nuevo secretario de Estado vaticano

La elección de un nuevo secretario de Estado tras la llegada de un nuevo papa es algo común, pero, tras los escándalos en los que se vio envuelto el anterior secretario, la situación no podía tardar mucho.

El 31 de agosto de 2013, el papa Francisco nombró al arzobispo Pietro Parolin sucesor del secretario Bertone.[13] ¿Quién es este nuevo hombre fuerte dentro de la curia romana?

Pietro Parolin fue nombrado tras la renuncia al cargo de su antecesor, si bien muchos creen que fue una renuncia obligada por las circunstancias.

No tomó posesión del cargo hasta el 15 de octubre de ese mismo año, aunque una leve operación le hizo que no se incorporara hasta unos días más tarde.

El arzobispo Pietro Parolin entró en la Iglesia Católica a los catorce años. Fue ordenado sacerdote en 1980 y dos años más tarde inició estudios de Derecho Canónico en la Pontificia Universidad Gregoriana. Durante muchos años ha sido nuncio del Vaticano en varios países. Ejerció este cargo diplomático primero en Nigeria y más tarde en México. Después regresó a Roma como subsecretario de la segunda sección de la Secretaría de Estado, en la sección de relaciones con los países. En el año 2009, fue nombrado nuncio apostólico en Venezuela, una misión difícil en un país enfrentado a la Iglesia Católica desde la llegada al poder de Hugo Chávez.

El arzobispo Pietro Parolin está en sintonía con las ideas del nuevo papa. Sus declaraciones sobre el celibato, apoyando las palabras de Francisco, o la necesidad de regresar a los principios del Concilio Vaticano II, le han definido ya como un hombre reformista.[14]

Mientras, la Iglesia Católica avanza en sus cambios de calado en la curia vaticana. Me viene a la mente la primera vez que vi la Capilla Sixtina con toda su magnificencia. Recuerdo el gran fresco en el techo, con sus brillantes colores, en el que Dios y el hombre se dan la mano en un leve roce de dedos. Suave, tenue y casi desapercibido, como si los grandes cambios siempre empezaran como la leve brisa que precede a una tormenta.

CAPÍTULO 6
Cambios en la estrategia

Si una persona es gay y busca al Señor y tiene buena
voluntad, ¿quién soy yo para juzgarla?

—FRANCISCO, en su vuelo de regreso a Roma tras la JMJ[1]

Un vuelo intercontinental es siempre largo e incómodo, pero lo es mucho más cuando llevas a las espaldas varias jornadas frenéticas de trabajo. Mientras regresaba a Madrid, tras once días en Estados Unidos durmiendo una media de cuatro o cinco horas diarias, pensaba en el medio centenar de entrevistas que llevaba a las espaldas y en la frenética vida de un viaje de promoción, en el que tienes que cambiar constantemente de hotel, comiendo fuera de horas, sin saber a qué te tendrás que enfrentar la jornada siguiente.

En aquellos días, el papa había realizado un viaje más estresante que el mío y, por su edad, debía de estar agotado cuando hizo su última entrevista en el vuelo de regreso a Roma.

Tal vez hasta ese momento, la entrevista en el avión, yo no había caído en la cuenta de que Francisco quería producir en su pontificado más que un marcado cambio de estilo: lo que buscaba era una nueva estrategia para enfrentar los retos de la Iglesia Católica del siglo XXI.

¿En qué consiste la nueva estrategia del papa Francisco?

La Iglesia Católica, como el cristianismo en general, lleva algo más de cien años comportándose a la defensiva.

La crisis propiciada a principios del siglo XIX con el nacimiento del positivismo, que venía a decir que el único conocimiento auténtico es el científico, y que estaba influido por las teorías evolucionistas de Charles Darwin, ponía al cristianismo en una difícil tesitura.

El protestantismo reaccionó de tres maneras distintas. Algunas iglesias clásicas se plegaron en el movimiento fundamentalista; otras, en el dispensacionalismo; y un tercer grupo, en la teología liberal, que caló en muchas denominaciones protestantes. A partir de ese momento, la mayor parte de las iglesias cristianas se cerraron en sí mismas, y la Iglesia Católica no fue una excepción.

Francisco se identifica dentro de la Iglesia Católica más con los constructores de puentes que con los de fortalezas, por eso su cambio de estrategia está planteado en esos términos. Pero los puentes se crean a través del diálogo y no de la confrontación. Este diálogo propuesto por el nuevo papa ya ha comenzado a muchas bandas.

El nuevo pontífice está tendiendo puentes hacia la prensa laica. En los pocos meses de su pontificado ha realizado más entrevistas que el anterior papa Benedicto XVI en los seis años de ejercicio de su cargo.

Una de esas entrevistas con la prensa laica, la concedida al director de *La Repubblica*, ha sido también una de las más polémicas. En la carta del papa al director del periódico, Francisco le rebatía algunos de los argumentos y preguntas abiertas esgrimidas por el director acerca de la encíclica *Lumen Fidei*.

Ningún papa había escrito antes una carta a un periódico contraargumentando a un laico sus críticas a una encíclica de la Iglesia Católica. Esto forma parte de la nueva estrategia de Francisco. La Iglesia de Roma, según esta visión, debe dejar de esconderse y entrar en un diálogo abierto y franco con la sociedad.

El diálogo con la sociedad no es un planteamiento nuevo, ya fue apuntado por los padres conciliares durante el Concilio Vaticano II, según comentó el propio papa en la entrevista con el director de *La Repubblica*. Un diálogo con las otras iglesias, pero también con los otros creyentes.[2] Francisco quiere desarrollar precisamente ese punto del Concilio Vaticano II, pues piensa que se hizo muy poco en ese sentido.

La idea del diálogo parece recurrente en las entrevistas del nuevo papa, como si fuera una prioridad ineludible. En la concedida a *Razón y Fe*, dice, hablando de uno de los personajes que más admira, Pedro Fabro: «El diálogo con todos, aun con los más lejanos y con los adversarios; su piedad sencilla...».[3]

Puede que esta vocación dialogante del papa venga de su formación jesuítica. El general de los jesuitas, a pesar de tener la autoridad para tomar decisiones, siempre conversa con sus consultores.

Durante su etapa como arzobispo de Buenos Aires mantuvo esa actitud hacia otras confesiones y religiones. Los dos libros que le hicieron más famoso en Argentina, *El jesuita* y *Sobre el Cielo y la Tierra*, son dos largos diálogos en los que expresa su pensamiento, pero también escucha lo que otros tienen que decir.

Esa vocación dialogante ha llevado al papa Francisco a denunciar que la única manera de terminar con la guerra es el diálogo, cuando Estados Unidos estuvo a punto de atacar Siria, tras el brutal atentado contra cientos de personas de la dictadura de al Asad.

Dentro de esta línea de diálogo con la sociedad está la llamada Nueva Evangelización.

La Nueva Evangelización, diálogo con la cultura y la sociedad

El papa Francisco habla muy poco de este camino emprendido por Benedicto XVI, pero en mayo de 2013 declaró sobre la necesidad de este diálogo urgente en una sociedad secularizada: «Que allí donde más se nota la influencia de la secularización, las comunidades cristianas puedan promover con eficacia una nueva evangelización».[4]

La visión del papa y su estrategia es que la Iglesia Católica, sus sacerdotes y sus fieles salgan fuera de los templos para buscar a «las ovejas perdidas» de la Iglesia. Ya profundizaremos en esto cuando hablemos de los nuevos sacerdotes que el papa Francisco busca, pero lo que queda claro es que su estrategia es salir y no permanecer agazapados ignorando al mundo moderno.

Centrándose en el mensaje cristiano

La Iglesia Católica lleva más de una década enfrentándose a gobiernos y grupos de presión para frenar leyes a favor del aborto o el matrimonio homosexual.

Durante todo este tiempo, muchos miembros de la jerarquía han creído que esta lucha por la vida y en contra de modelos de familia antibíblicos eran la respuesta que la sociedad necesitaba para entender el mensaje de la Iglesia de Roma, pero el papa quiere cambiar de estrategia en este sentido.

Al comienzo de este capítulo poníamos las polémicas declaraciones de Francisco acerca de los homosexuales, en las que también habló del *lobby* gay dentro de la Iglesia Católica. Las palabras del nuevo papa no pueden ser más elocuentes. No se debe perseguir las tendencias, no se debe juzgar a las personas. El papel de la Iglesia de Roma es llevar al arrepentimiento a los hombres y acercarlos a Dios, no juzgarlos.

Algo parecido comentó sobre los ateos en una homilía en la Casa de Santa Marta, al hablar de ellos como personas redimidas si aceptan a Cristo y hacen el bien que les dicta su conciencia. Sus palabras fueron poco después matizadas por la Santa Sede, cuando muchos medios seculares aseguraron que Francisco había dicho que el cielo era también para los ateos. El texto empleado por el papa fue el de San Marcos, capítulo 9 y versículo 38, cuando los discípulos se quejaron de que algunos hablaban en nombre de Jesús, pero sin querer seguirle.

La otra estrategia del papa es crear una Iglesia Católica y una curia vaticana más transparentes. ¿Logrará Francisco que una institución milenaria se abra al mundo?

Una mujer para cambiar las cuentas del Vaticano

En la introducción de este libro mencionábamos a uno de los fichajes más controvertidos del papa Francisco, Francesca Chaouque. Una publicista de origen marroquí, rodeada de polémica.

La joven publicista está encargada de asesorar al papa en materia económica y algunos han hablado de su posible cercanía al Opus Dei.

La comisión a la que pertenece Francesca está compuesta por Joseph Zahra, en calidad de presidente, y el monseñor español Lucio Ángel Vallejo Balda, el único eclesiástico y secretario de la Prefectura de Asuntos Económicos. Además de Enrique Llano, experto en economía sanitaria, dos *managers* franceses, un alemán y hasta el exgeneral y exministro de Asuntos Exteriores de Singapur, George Yeo.[5]

A todo el mundo le sorprendió el nombramiento, por el carácter glamuroso de la asesora, pero lo verdaderamente novedoso es que el Vaticano nombre una comisión externa para poner en claro sus cuentas.

El otro punto fuerte de la nueva estrategia del papa Francisco es la transparencia.

La Iglesia Católica y, en especial, la curia vaticana siempre han sido entidades herméticas de las que se sabía muy poco. Los Archivos Secretos Vaticanos contienen miles de documentos sobre hechos importantes de la Iglesia y de la historia, que salen a la luz con cuentagotas.

El IOR o Banco Vaticano era una de las instituciones más opacas entre las entidades financieras del mundo. Por eso, el papa Francisco tiene mucho trabajo por delante. Algunas medidas ya se han puesto en marcha, como el endurecimiento dentro del Vaticano de varias leyes. En este documento papal, Francisco endurece las penas para el blanqueo de dinero y los casos de pederastia.[6]

En el mes de octubre de 2013, el papa permitió una nueva legislación para controlar el Banco Vaticano, o IOR, e hizo públicas las cuentas de la entidad. La nueva ley, según el arzobispo Dominique Mamberti, considerado el ministro de Asuntos Exteriores del Vaticano, coloca al Estado del Vaticano más cerca de las recomendaciones internacionales de transparencia.[7]

La nueva política de transparencia también pone el acento en una actuación rápida ante cualquier problema de corrupción o pederastia.

La estrategia del diálogo y la transparencia tiene una tercera base, el cambio en la forma y el tipo de temas que la Iglesia Católica lanza a la sociedad. El papa Francisco ha pasado del lenguaje ininteligible de sus antecesores, por lo complejo y religioso, a un lenguaje cercano para los laicos e incluso para los no religiosos. El papa está realizando un verdadero esfuerzo para que la Iglesia se comunique en un lenguaje que la sociedad pueda entender y aborde los temas que preocupan realmente al mundo moderno.

Esto tampoco le parece bien a todo el mundo. Dentro de las filas más conservadoras del catolicismo, y como veremos en el capítulo próximo, las señales de alarma ya han comenzado a saltar en grupos muy alejados del pensamiento del papa actual.

Más participación de los feligreses

Por último, el cambio de estrategia también está enfocado en una mayor participación de los laicos católicos. Con un número descendente de sacerdotes, religiosos y religiosas, la Iglesia Católica tiene que contar más con sus feligreses. En muchos países, la mayor parte de las parroquias tienen una pequeña minoría que hace algunas funciones básicas y una mayoría pasiva. Por no hablar de los altos índices de deserción y la falta de práctica religiosa de muchos católicos. En Occidente, especialmente en Europa, se ha perdido toda una generación de jóvenes, atraídos por la secularización, el materialismo y la falta de una pastoral católica para ellos.

El papa Francisco también quiere integrar a más seglares en la propia organización de la Iglesia Católica y en la curia de Roma.

En países como Portugal, España o Italia, de mayorías católicas durante siglos, la pérdida de fieles es preocupante, como también lo es el inmovilismo de su jerarquía, pero se aproximan cambios también en este sentido.

En España, la Conferencia Episcopal ha tenido una actitud beligerante contra los matrimonios entre personas del mismo sexo, el aborto y otros asuntos, llegando a convocar a sus miembros para luchar en el terreno político y social, pero también ha alejado a grandes masas de la práctica religiosa. Los cambios dentro de la Conferencia Episcopal de España ya comienzan a ser evidentes; su portavoz, Juan Antonio Martínez Camino, dejará el cargo en breve, así como también su presidente, el arzobispo cardenal Antonio María Rouco Varela.

La postura de Francisco ante el papel de la mujer en la Iglesia Católica parece también formar parte de esa nueva estrategia. El papa ha reiterado que la mujer no puede estar dedicada a funciones de servidumbre.[8] En esto también ahondaremos en el próximo capítulo.

Es normal que el papa haya pensado que la Iglesia Católica necesitaba mucho más que un lavado de imagen. Él mismo la ha visto como algo más que una capillita en la que están un grupo de personas selectas, en el que se protege la mediocridad, según sus propias palabras.[9]

Imagino que, mientras el avión del papa Francisco aterrizaba en Roma y sus últimas palabras aún retumbaban en todos los estudios y salas de prensa de los distintos medios, él se sentía satisfecho de este primer viaje a América Latina. Para él constituía una prueba difícil, en la que la gente tanto dentro como fuera de la Iglesia le estaba examinando. Para muchos, el papa había cumplido con las expectativas. La nueva estrategia comenzaba a dar resultados, aunque eso significara que en el seno de la curia y en el ala más conservadora surgieran conflictos internos.

¿Podrá Francisco contentar a todos los sectores de la Iglesia Católica? ¿Logrará el papa recuperar los principios y valores del Concilio Vaticano II?

CAPÍTULO 7
Conflictos internos

Los jefes de la Iglesia a menudo han sido narcisistas,
halagados y exaltados por sus cortesanos. La corte es la
lepra del papado.

—FRANCISCO, en entrevista a *La Repubblica*[1]

Hace unos meses tuve el privilegio de escuchar un coro de música góspel en el auditorio de la localidad en que resido. Mientras las canciones de los espirituales negros se extendían por toda la sala, pensaba en los cientos de matices y voces que hacen posible la armonía. Es suficiente una voz disonante, una nota mal interpretada, para que la magia del momento se pierda por completo y tu oído deje de escuchar la armonía para centrarse en la nota que desentona.

La Iglesia Católica es como un gran coro compuesto de voces muy distintas, en el que todas tienen que cantar a la misma vez. Cientos de órdenes religiosas, unas mendicantes, otras regulares, monásticas, además de congregaciones, asociaciones, diócesis, patriarcados y arzobispados. Un gran lienzo en el que dibujar la cara de una única Iglesia. En el caso del protestantismo, las iglesias tienden a formar comunidades independientes, como «Iglesia Reformada siempre en Reforma». En lo que respecta a la Iglesia Católica, su función es la de asimilar e intentar integrar a una gran variedad de tendencias.

La pluralidad dentro de la Iglesia de Roma es uno de los grandes retos del papa Francisco. En las últimas décadas, las tendencias más conservadoras llevaron la batuta del concierto. Grupos como el Opus Dei y los Legionarios de Cristo controlaban la curia y eran la mano derecha de los papas a la hora de ejecutar sus ideas y doctrinas.

Esta tendencia fue más acusada desde la repentina muerte de Juan Pablo I, la línea de sus sucesores fue inclinándose poco a poco hacia la derecha.

Las décadas de 1980 y 1990 supusieron un giro conservador en todas las áreas. En el terreno político, con la llegada del presidente Reagan en Estados Unidos y la primera ministra británica Margaret Thatcher, pero también se notó la tendencia en lo económico y religioso. Los años sesenta y setenta habían sido un revulsivo que había cuestionado todos los valores y principios sociales posteriores a la Segunda Guerra Mundial, lo que dio lugar a ese giro conservador tan brusco décadas más tarde.

Por otro lado, la Guerra Fría llegaba a su final con la caída del muro de Berlín y la posterior desintegración de la Unión Soviética. En América Latina, las guerrillas comunistas, que luchaban contra las dictaduras de derecha, comenzaban a perder apoyo popular y unas décadas más tarde se consolidarían sistemas democráticos, dejando atrás las etapas de regímenes dictatoriales.

Juan Pablo II procedía de un país comunista, Polonia, y entre sus objetivos estaba luchar contra el régimen que había oprimido a millones de polacos. Por eso una de sus primeras medidas sería intentar frenar la Teología de la Liberación, que en algunos casos defendía la violencia como medio para conseguir sus objetivos sociales. Para ello, el papa polaco tomó varias medidas, como la de prohibir a varios teólogos enseñar, impedir que sacerdotes y religiosos ocuparan cargos políticos, o controlar a las órdenes religiosas más inclinadas a esa teología.

Cuando Francisco fue elegido papa en el cónclave de 2013, muchos medios de comunicación le relacionaron con la dictadura de Videla, que había sometido a Argentina durante cinco años. En aquel tiempo, Jorge María Bergoglio era el general de la Compañía de Jesús en su país y tuvo que lidiar con los ataques a los derechos humanos y los crímenes de este régimen de terror. Muchos le acusaron de colaboracionista y miembro de la extrema derecha. Nunca fue acusado de ningún crimen durante la dictadura, pero sí compareció como testigo en alguna causa contra el régimen dictatorial, como ya hemos comentado.

Los jesuitas en aquel momento estaban en la parte más izquierdista de la Iglesia Católica, por lo que el joven Bergoglio debió recibir parte de su influencia. Ya hemos comentado las declaraciones de la hermana del papa Francisco a este respecto, pero son más elocuentes sus propias palabras, en las que habla de su ideología política.

«Nunca he sido de derechas»

La entrevista con Antonio Spadaro, director de *La Cività Cattolica*, fue de lo más cordial, como el mismo periodista describe en el polémico texto publicado hace unos meses.

Spadaro es jesuita como Francisco y los dos hablan un lenguaje muy parecido. Cuando el periodista católico preguntó al papa cómo valoraba su etapa de gobierno de los jesuitas frente al gobierno universal de la Iglesia, Francisco le contestó serio y sereno, tras unos momentos de meditación, confesando que en el principio de su gobierno como jesuita no carecía de defectos y se encontraba en una época difícil para la Compañía. Cuenta que había desaparecido toda una generación de jesuitas, lo que le llevó al cargo tal vez demasiado joven, con solo treinta y seis años. Al tener que enfrentarse a situaciones difíciles, con poca experiencia, confiesa que muchas veces actuó de manera «brusca y personalista». Francisco achaca a ese tono de autoritarismo urgente los problemas derivados de su cargo, así como la fama de ultraconservador que le atribuyeron. No se retrae de admitir la gran crisis interior que sufrió cuando estaba en Córdoba. En ese contexto, luchando contra esas acusaciones, es cuando le dice al periodista la famosa frase: «Jamás he sido de derechas».[2]

El papa se estaba posicionando como «no de derechas» y esa noticia recorrió todo el mundo. Los pontífices no suelen hablar directamente de política, aunque de hecho siempre han intentado influir en ella. La tendencia más bien conservadora de la jerarquía de la Iglesia Católica ha dado a buena parte del mundo una visión de que los miembros de la jerarquía son casi todos de derecha. Con esta confesión, Francisco rompía con una larga tradición de papas conservadores.

Los comentarios debieron caer como un jarro de agua fría a algunos sectores conservadores, que estaban poniéndose en guardia contra la apertura del papa Francisco en temas como el celibato o el papel de la mujer en la Iglesia Católica.

Críticas desde dentro

Algunas voces ya se han levantado contra el nuevo estilo y las ideas del papa Francisco. En Italia, dos periodistas de la emisora católica Radio María, Alessandro Gnochi y Mario Palmaro, fueron despedidos por sus críticas al nuevo pontífice y por decir que no les gustaba.[3] Los periodistas comentaban sobre Francisco que sus actos y gestos mostraban relativismo moral y religioso.

En España, algunos intelectuales católicos muy conservadores también han criticado al nuevo papa. Entre ellos destaca el escritor y periodista Juan Manuel de Prada, que acusa a Francisco de complacer y halagar al mundo.[4]

Otros comunicadores católicos defienden la tesis de que el problema no está en el papa Francisco y que son los medios de comunicación los que distorsionan sus palabras. Uno de los que defiende esta postura es el obispo de San Sebastián, monseñor José Ignacio Munilla.

El obispo comentó que el papa no estaba diciendo que no fuera de derecha en sus declaraciones a Antonio Spadaro. Según él, lo que quería decir era que no apoyó la dictadura de Videla.[5] Lo mismo comentó el obispo respecto a que Francisco afirmara que la Iglesia Católica tenía que dejar de centrarse en denunciar la homosexualidad o el aborto.

Pero la oposición al papa Francisco no se encuentra únicamente entre los periodistas católicos, también hay varias voces disonantes dentro de la propia jerarquía de su Iglesia.

El portavoz de la Conferencia Episcopal en España, Martínez Camino, quiso salir al paso de algunas críticas al papa Francisco recordando que los católicos están siempre con el papa, independientemente de quién sea, porque para ellos es «el sucesor de Pedro, el vicario de Cristo y la cabeza del Colegio Episcopal [...] no se le enjuicia, sino que se reza con él».[6]

Añadió a estas palabras el hecho de que el carácter santo del pontífice facilita esa actitud entre ellos.

Sin embargo, los más conservadores comienzan a darse cuenta de que el giro hacia una Iglesia Católica menos conservadora ha comenzado. El reportero vaticanista del periódico *La Repubblica*, Paolo Rodari, comentó que «los conservadores de la curia huelen que su tiempo ha acabado».[7]

El periodista Sandro Magister, el primero en dar la voz de alarma en el semanario *L'Espresso*, cuando sacó a la luz el escándalo de monseñor Battista Ricca, también dijo que en el camino del papa Francisco «habrá obstáculos».[8]

Una de las principales dificultades era el cambio del secretario de Estado vaticano, de tendencia conservadora, a quien Francisco sustituyó por monseñor Pietro Parolin, como ya hemos comentado.

Problemas en las cuentas

El gran escollo de la mayoría de los papas reformistas ha sido su intento de controlar las actividades del Banco Vaticano o IOR.

Uno de los papas que intentó de una manera más clara terminar con el poder del Banco Vaticano fue Juan Pablo I. El papa italiano conocía las oscuras redes que se movían detrás de esa entidad y del Banco Ambrosiano y su gestor, el arzobispo norteamericano Paul Casimir Marcinkus, pero su breve pontificado no le permitió tomar medidas a este respecto.

Juan Pablo II no modificó el funcionamiento del Banco Vaticano, pero su sucesor Benedicto XVI lo intentó sin mucho éxito. El escritor Gianluigi Nuzzi, que destapó el escándalo del IOR al publicar la correspondencia secreta del papa Benedicto XVI, comenta acerca del banco que, aún hoy, en el Vaticano muchos recuerdan a Marcinkus como un monseñor bueno, víctima engañada en la ruina del Banco Ambrosiano de Roberto Calvi. Se le tiene por un prelado, para algunos, incluso generoso. Hasta Benedicto XVI recuerda a algunos cardenales a los que Marcinkus les regaló un armario ropero cuando se trasladó desde Alemania a vivir en la curia,[9] según cuenta Nuzzi.

El Vaticano, ya sea por cierta ingenuidad por parte de algunos líderes religiosos, ya sea por diversos intereses, no ha hecho nada durante años para aclarar las cuentas del Banco Vaticano o IOR.

Los intentos de Benedicto XVI fueron tímidos y terminaron en fracaso, pero el nuevo papa parece que ha decidido terminar con esta situación.

Lo primero que Francisco ha hecho ha sido dejar clara su posición ante la existencia de un Banco Vaticano. En la amplia entrevista en el vuelo de regreso a Roma tras su viaje a Brasil, el papa respondió a una pregunta del periodista de la Agencia EFE, Juan de Lara, sobre el Banco Vaticano o IOR. La pregunta era: «¿Qué tipo de reforma tiene en mente, contempla suprimir el IOR, el llamado Banco Vaticano?».

El papa no respondió directamente a la pregunta. Primero explicó que antes de realizar cualquier cambio había que investigar cuáles eran necesarios. Contó también que por eso había creado la comisión de ocho cardenales que en octubre de 2013 le habían pasado su informe. Después explicó que, para él, además de la información, también era importante encontrar la oportunidad o el momento adecuado.

Francisco afirmó que su intención había sido en un principio tocar el tema del IOR en el año 2015, pero que algunos acontecimientos le habían hecho pensar que el tema era más urgente de lo que creía.[10]

Dos escándalos aceleran el proceso de reforma del IOR

Uno de esos hechos fue la detención el 28 de junio de 2013 de monseñor Nunzio Scarano.[11] El detenido era sacerdote y jefe de contabilidad de gestión de las inversiones en bolsa, divisas y parte del patrimonio inmobiliario de la Iglesia Católica. El portavoz del Vaticano, Federico Lombardi, comentó que Scarano había sido suspendido de sueldo hacía un mes. Cuando el monseñor fue detenido llevaba veinte millones de euros de Suiza hacia el Vaticano. Junto al él fueron arrestados un *carabiniero* de los servicios secretos y un agente financiero. El sacerdote estaba siendo investigado en ese momento por la fiscalía de Salerno por el lavado de 560.000 euros.

El papa Francisco había creado dos días antes una comisión para investigar las cuentas del IOR, de la que hablaremos más adelante.

El segundo escándalo estalló cuando uno de los miembros de la comisión creada resultó ser un prelado bajo sospecha. Battista Ricca había sido acusado de comportamientos inadecuados en los años 1999 y 2001, mientras estaba en la nunciatura de Montevideo.[12]

Los dos problemas que el papa veía con el IOR eran, en primer lugar, cómo encaminarlo, reformarlo y delinearlo; también sanearlo por dentro. Pero, sobre todo, atajar nuevas situaciones problemáticas e inadecuadas.[13]

Con respecto a lo que Francisco piensa del IOR, primero manifestó que las personas a las que había consultado le habían dado diferentes ideas. Una de ellas era que se convirtiera en un banco, otros le comentaron que fuera un fondo de ayuda y otros concluyeron que había que simplemente cerrarlo. El papa parecía optar por que aún permaneciera, aunque con cambios.

Unos días antes, el vicepresidente y el director del IOR habían dimitido,[14] al parecer en relación con el escándalo de monseñor Nunzio Scarano. Por tanto, los cambios se hacían inevitables y no podían esperar más.

¿Cómo funciona el IOR y cómo se está investigando?

El IOR es un instituto complejo que tiene 112 empleados, 12 ventanillas de atención, 19.000 cuentas corrientes y unos depósitos de uno 6.000 millones de euros. Su dimensión no es muy grande, es un banco más bien pequeño.

El papa Francisco autorizó la investigación del IOR o Banco Vaticano con una curiosa nota manuscrita, que dice mucho de lo que piensa de la institución: «... permitir que los principios del Evangelio penetren en las actividades económicas y financieras».[15]

El papa creó el 26 de junio, como ya comentamos, una Comisión Informativa compuesta por varios cardenales. La preside el cardenal Raffaele Farina, de ochenta años de edad, antiguo prefecto de la Biblioteca Vaticana. El coordinador de la comisión es un español, el arzobispo Juan Ignacio Arrieta Ochoa de Chinchetru. El tercer miembro es monseñor Peter Bryan Wells, asesor de Asuntos Generales de la Secretaría de Estado. Otros dos miembros son Jean-Louis Tauran, antiguo jefe de la diplomacia vaticana, y Mary Ann Glendon, antigua embajadora de Estados Unidos en el Vaticano.

Sin embargo, el error del papa Francisco fue nombrar como prelado del IOR al ya mencionado monseñor Battista Ricca, un personaje poco recomendable según ha destapado la prensa tras su nombramiento. Muchos creen que es uno de los topos de aquellos que temen que las cosas del banco se aclaren.

La comisión de cardenales se encarga de la supervisión. Existe otra comisión más técnica, compuesta por especialistas en temas bancarios. En ella están el abogado y aristócrata alemán Ernst von Freyberg; el también germano Ronald Hermann Schmitz, de Deutsche Bank; el norteamericano Carl Anderson, que es Caballero Supremo de los Caballeros de Colón; el italiano Antonio María Morocco, de Unicredit; y el español Manuel Soto Serrano, del Banco Santander Central Hispano.[16]

Otra de las medidas del papa Francisco fue suprimir en abril de 2013 el pago de 25.000 euros anuales a los miembros de una anterior comisión de cardenales, que se había visto a todas luces inútil y escandalosamente bien remunerada, y cuya función era velar por el control de IOR. En esta comisión estaban cinco cardenales, entre ellos el propio exsecretario de Estado Tarcisio Bertone.

Mayor transparencia y leyes más estrictas

A nivel legislativo y de transparencia, el papa ha propiciado dos leyes con respecto al blanqueo de dinero. En la primera, *motu proprio,* del 11 de julio del año 2013, Francisco cambió el reglamento jurídico de la ciudad-estado del Vaticano, de modo que se agravan las penas por blanqueo de dinero, como ya hemos hecho mención.[17] La segunda fue una ley de transparencia con aval internacional.

La ley *motu proprio* de transparencia de las cuentas del IOR fue publicada el 8 de agosto de 2013. Sustituye a la de Benedicto XVI, que no se adaptaba a los principios de transparencia de la banca internacional. La nueva ley refuerza los poderes de la Autoridad de Información Financiera.[18]

El último paso ha sido la publicación de las cuentas de IOR por primera vez en su historia. El día 1 de octubre de 2013, el Vaticano hacía públicas las cuentas del Banco Vaticano.[19]

Las medidas del papa en el terreno financiero han sido contundentes, aunque todavía no se han tomado decisiones sobre el futuro del IOR y cuál será su perfil como institución.

Pero los temas que afronta Francisco no son únicamente los financieros o los que tocan problemas morales, como el mayor o menor énfasis en denunciar los matrimonios gay o intentar penalizar el aborto, también hay una pugna entre varias instituciones que durante mucho tiempo han dominado el Vaticano, como el Opus Dei o los Legionarios de Cristo y los jesuitas, que parecen recuperar el espacio perdido.

La Teología de la Liberación vuelve con fuerza

Una de las mayores sorpresas dentro y fuera de la Iglesia Católica ha sido sin duda la posición del papa ante la Teología de la Liberación y algunos de sus más destacados representantes. Si comentábamos que Juan Pablo II y Benedicto XVI prácticamente eliminaron esta corriente teológica de la Iglesia de Roma, Francisco quiere, en alguna medida, rehabilitar a los teólogos caídos en desgracia. Pero, ¿qué piensa de la Teología de la Liberación?

En la entrevista concedida al periódico *La Repubblica*, el director le pregunta sobre este tema. Primero le lanza una cuestión sobre la presencia hoy día de la Teología de la Liberación en América Latina.[20] El papa Francisco le responde que sí la hay y que muchos de sus representantes eran argentinos. Pero la siguiente pregunta es mucho más directa, cuando el director del periódico le pide su opinión acerca de si fue justo que el papa la combatiese.

Francisco le responde: «Ciertamente daban un seguimiento político a su teología, pero muchos de ellos eran creyentes y con un alto concepto de humanidad».[21]

Por un lado, con sus palabras ambiguas, Francisco condena el seguimiento político de la Teología de la Liberación, pero defiende a algunos de sus representantes. ¿Es esa la línea del nuevo papa?

Aunque el primer comentario y acercamiento a la Teología de la Liberación, o al menos a sus antiguos representantes, se dio cuando, a unos pocos días de la elección del papa Francisco, los católicos progresistas de América Latina y en especial ciertos teólogos de la Teología de la Liberación alababan la elección del nuevo papa.

El primero de ellos fue el exsacerdote y teólogo Leonardo Boff, que comentó que el papa Francisco tenía en mente una Iglesia fuera de los palacios y símbolos del poder.[22]

Otro de los teólogos liberacionistas que celebró la llegada del nuevo papa fue Casaldáliga, para el que la elección significaba un cambio.[23] A sus comentarios se unieron los del teólogo español Jon Sobrino y el de Miguel Hesayne, todos a favor del nuevo pontífice.

El periodista Juan Arias, en su artículo «La teología de Francisco es la de Amós, más que la de Marx»[24] ve a Francisco más como el profeta de los pobres o el papa de los pobres que como alguien cercano a la Teología de la Liberación, que bebía de ideas más marxistas que bíblicas.

Sin duda, el papa Francisco está entrando en la paradoja denunciada por el arzobispo brasileño Hélder Cámara: «Cuando doy comida a los pobres, me llaman santo. Cuando les pregunto por qué tienen hambre, me tildan de comunista».[25]

El papa ha criticado el actual sistema globalizado y la deshumanización que se hace de los trabajadores, a los que se les priva de su dignidad al negarles el trabajo, como ya hemos indicado en otros capítulos. Pero la alarma en algunos sectores conservadores se desató cuando Francisco comentó su intención de entrevistarse con el teólogo Leonardo Boff en su visita a Brasil.[26]

El papa pidió a su llegada a Brasil un ejemplar del libro del teólogo Boff, titulado *Francisco de Asís y Francisco de Roma*, en el que analiza la ruptura del nuevo papa con la curia. En ese momento no recibió a Boff, al tener una agenda muy apretada en Brasil, pero comentó que lo recibiría más adelante, cuando hubiera completado la reforma de la curia.

Sin embargo, el propio Boff declaró que no era bueno que el papa Francisco le recibiera mientras estuviera vivo Benedicto XVI,[27] que en su etapa como prefecto de la Congregación para la Doctrina de la Fe condenó y alejó de las cátedras de teología a Boff y a otros defensores de la Teología de la Liberación.

Uno de los teólogos más prestigiosos del mundo, Juan José Tamayo, nos describe en un artículo las complejas relaciones entre el teólogo Leonardo Boff, Benedicto XVI y el papa Francisco. Al principio, Boff fue apartado de la enseñanza y se le ordenó que no publicara nada, tras el examen que hizo Benedicto XVI a su libro *Iglesia: carisma y poder*, cuando era prefecto de la Congregación para la Doctrina de la Fe. En los noventa, Boff fue apartado definitivamente de la cátedra de teología y sus libros fueron prohibidos como material de enseñanza. Muchas de las cosas que la Iglesia Católica recriminaba a Boff eran a causa de su teología social, que apoyaba los postulados de la Teología de la Liberación.[28]

Juan José Tamayo se pregunta en el artículo si el nuevo papa revertirá la condena a todos esos teólogos que en la década de 1990 fueron depuestos de sus cargos y relegados al ostracismo.

La petición formal de los teólogos para que rehabilite a aquellos que quedaron relegados hace años llegó al papa a principios del mes de septiembre de 2013.[29] La carta era dura y concisa, pero él no se ha pronunciado aún sobre ella, aunque sí ha mostrado varios gestos hacia esos teólogos excluidos, sobre todo hacia el mismo Leonardo Boff.

Algunos piensan que Francisco se está acercando a las posturas de la Teología de la Liberación. Su encíclica titulada *Beati pauperes* (Bienaventurados los pobres), primero escrita en solitario, hace énfasis en una Iglesia Católica más austera y que debe estar enfocada a los más desfavorecidos.[30]

Luchas entre dos ideas

Ya hemos apuntado que dentro de la Iglesia Católica hay un gran número de familias, grupos e ideas. El Opus Dei se opone de lleno al giro del papa Francisco a la izquierda, mientras que los jesuitas recuperan el poder perdido durante décadas.

La recepción del papa a Gustavo Gutiérrez, padre de la Teología de la Liberación, ha puesto en guardia de nuevo a los más conservadores.

Uno de los que ya ha mostrado su desacuerdo con este acercamiento es el cardenal Cipriani, perteneciente al Opus Dei. Cipriani ha dicho que Gerhard Müller, el prefecto de la Congregación para la Doctrina de la Fe, es un ingenuo al no darse cuenta del peligro de estos encuentros. También comentó que mientras Müller quiere rehabilitar a Gutiérrez, por el afecto que le tiene, los teólogos de la Liberación lo ven como un acercamiento de la Santa Sede a esa línea teológica que tanto daño hizo a la Iglesia.[31]

El papa puede escudarse en que Juan XXIII ya hizo esta apuesta por los pobres en el año 1962 y, al parecer, el general de los jesuitas en aquel momento, Pedro Arrupe, pidió a los miembros de la Compañía de Jesús que los pobres fueran la opción preferente.

Müller ya ha aclarado que hay que escoger entre una Teología de la Liberación correcta y otra incorrecta,[32] lo que desde la agencia de noticias Zenit, por ejemplo, perteneciente a los Legionarios de Cristo, ya se ve como una revancha de Francisco a los que condenaron la Teología de la Liberación hace años.

Algunos ni siquiera ven bien el Concilio Vaticano II ni su apertura a la modernidad. Al fallecer Juan XXIII, se escuchó a un cardenal comentar en alto: «Que Dios le perdone el daño que ha hecho a la Iglesia con este concilio».[33]

El giro de timón del papa Francisco sin duda está levantando polémica fuera de la Iglesia, pero también dentro. Su posición frente a los cambios en el IOR, su crítica a la curia, su búsqueda de una Iglesia Católica de los pobres y su acercamiento a algunos teólogos de la Liberación está comenzando a abrir una brecha en la Iglesia de Roma. Pero no son los únicos temas. El debate sobre el celibato y la posición de la mujer en la Iglesia son otros dos de los asuntos más controvertidos.

Puede que el papa esté dando un remedio muy fuerte a la enferma Iglesia Católica que ha encontrado. Algunos piensan que ha diagnosticado mal la enfermedad, otros creen que la medicina puede matar al paciente o dividirlo, pero el papa se apoya en las palabras del monje del que tomó su nombre, Francisco de Asís. El fundador de los franciscanos recibió su llamado de Dios en la capilla de San Damián, en un momento de oración en el que una voz interior le dijo: «¡Francisco, vete y repara mi casa, que, como ves, está a punto de arruinarse toda ella!».[34]

CAPÍTULO 8

Lo bueno y lo malo de ser latinoamericano

*El tema que ocupa a Francisco es [...] un «amor eficaz»
[...] noción típicamente latinoamericana que resultó de las
reflexiones de los teólogos de la liberación.*

—GERHARD KRUIP, catedrático de la Universidad de Mainz[1]

El acento siempre delata de dónde somos. Es una especie de marca distintiva. Cuando los apóstoles siguieron a Jesús hasta la casa del sumo sacerdote, donde le estaban juzgando, nos relata el Evangelio de Mateo que al escuchar hablar a Simón Pedro alguien le dijo: «Verdaderamente también tú eres de ellos, porque aun tu manera de hablar te descubre».[2]

El acento forma parte del acervo de cada individuo. Junto a la forma de pronunciar las palabras se puede también observar la cultura que subyace en la persona que habla.

En mis viajes, el acento siempre me ha causado problemas, ya que tiendo, sin darme cuenta, a imitar el del sitio en el que estoy y temo que alguien piense que me burlo de su forma de hablar.

Jorge Mario Bergoglio tiene un doble acento, el latinoamericano, que le viene de su nacimiento en Argentina, y el italiano, por su origen de padres emigrantes europeos.

En cierto sentido, la cultura argentina es una de las que mantiene una forma de vivir europea y latina al mismo tiempo. El papa ha heredado algo del carácter histriónico de los italianos, pero también la forma directa de dirigirse de los argentinos. ¿Qué significa para América Latina que el papa sea latinoamericano? ¿Qué relaciones tendrá Francisco con los gobiernos de América?

Un papa del club de fútbol San Lorenzo

Uno de los primeros cambios que hemos visto al tener un papa latinoamericano es que la gente del Nuevo Mundo tiende a desacralizar las cosas y a convertirlas en pragmáticas y cotidianas.

Un ejemplo sencillo es lo que me pasó en los estudios de Univisión en New Jersey, en el programa de noticias de primera hora de la mañana. Mientras yo esperaba para realizar la entrevista en el estudio, sonó la media hora de programa en el plató y los dos presentadores, que hasta ese momento habían hablado de la actualidad de forma seria y formal, se pusieron en pie y comenzaron a bailar. El equipo de cámaras y sonido también se puso a bailar y uno de ellos se me acercó y me preguntó si quería unirme también. Eran algo más de las cinco de la mañana y le comenté que no, pero me pareció curioso el contraste cultural. En Europa se toman las noticias demasiado en serio, como si fueran un ritual sagrado, mientras que los latinoamericanos prefieren reírse un poco de sí mismos y quitar trascendencia a las cosas.

El papa Francisco, como latino, tiende a quitar trascendencia y lejanía al cargo que desempeña. Para él, el oficio o el ministerio de ser papa no implica la adopción de ciertas formas o clichés. Ya lo comentamos en capítulos anteriores al describir su cambio de vestuario y su rechazo al boato de la corte papal, pero también lo es en cuanto a su forma de expresarse y el hecho de describir con naturalidad sus defectos o debilidades.

Esto se ve en el detalle de que un papa se defina como un «pecador»,[3] como hizo en la entrevista de *Razón y Fe*, pero sobre todo al describir con sencillez su propia vida devocional o sus debilidades. Francisco llega a comentar en la entrevista que se duerme a veces mientras está haciendo la oración vespertina o se le va la mente a otras cosas.[4] No es casual que explique estas cosas, ya que de alguna manera quiere mostrar que no es especial, simplemente es un siervo de la Iglesia Católica.

Cuando el director de *La Repubblica* le preguntó si estaba tocado por la gracia, Francisco le respondió que eso es algo que nadie puede saber, pues la gracia y la conciencia son cosas distintas; la gracia «es la cantidad de luz que tenemos en el alma, no la de sabiduría o de razón». Incluso señaló al entrevistador que él mismo podría estar tocado por ella.[5]

El papa Francisco parece ajeno no solo al boato de la curia, también a la mitificación de los papas como si no fueran humanos. Muestra esa debilidad humana al pedir constantemente que recen por él. Lo hace así tanto desde su primera comparecencia, tras ser elegido papa, como en cada ocasión en que se dirige a los fieles.

Es un papa que quiere vivir en la frontera de dos mundos que apenas se tocan en un solo punto: el mundo de la pobreza y el de la riqueza, el de los poderosos y el de los débiles, el mundo secular y el religioso. Están en polos opuestos, y Francisco quiere unirlos, situándose en la frontera entre esos universos.

¿En qué posición le coloca esto ante los mandatarios sudamericanos?

El papa y los presidentes americanos

La reacción de todos los presidentes en el continente fue de gran acogida a un papa latinoamericano. Por un lado debido a lo que significaba para América el tener el primer papa que no fuera de Europa, pero también al ser Latinoamérica una zona del mundo que intenta subirse al carro de las potencias emergentes y terminar con las grandes desigualdades sociales y económicas que la atenazan.

Cristina Fernández, presidenta del país del que es natural el papa, Argentina, expresó su deseo, en su nombre y en el de su pueblo, de que su tarea pastoral fuese fructífera, «desempeñando tan grandes responsabilidades en pos de la justicia, la igualdad, la fraternidad y la paz de la humanidad».[6]

La presidenta brasileña Dilma Rousseff, del país con más católicos del mundo y ejemplo de una nación emergente, dijo que, en nombre del pueblo brasileño, felicitaba al nuevo papa Francisco I, a la Iglesia Católica y al pueblo argentino.[7]

El presidente de Ecuador, Rafael Correa, en un tono eufórico, dijo en su cuenta en Twitter: «¡Tenemos papa latinoamericano! ¡Vivimos momentos históricos sin precedentes! ¡Que viva Francisco I!».[8]

México es el segundo país del mundo en cuanto a número de católicos. Enrique Peña Nieto, su presidente, dijo también en Twitter que expresaba su beneplácito por la elección del primer pontífice de origen latinoamericano.[9]

Los saludos y felicitaciones se completaron con la asistencia de la mayoría de los mandatarios latinoamericanos a la ceremonia de consagración del nuevo papa. No faltaba prácticamente nadie: la presidenta argentina Cristina Fernández de Kirchner; el vicepresidente de Estados Unidos, Joe Biden; los presidentes de Paraguay, Federico Franco; de Ecuador, Rafael Correa; de México, Enrique Peña Nieto; de Panamá, Ricardo Martinelli; y de Brasil, Dilma Rousseff. También asistieron la presidenta de Costa Rica, Laura Chinchilla, y el presidente de Chile, Sebastián Piñera.

Pero ¿significa esto que las relaciones con los mandatarios del continente americano serán buenas?

Mala sintonía con los Kirchner y primer choque con Dilma Rousseff

Las relaciones de Francisco con el gobierno argentino siempre fueron tensas. Las denuncias del papa a la política económica de los Kirchner, que llevan gobernando los destinos del país de más una década, le causaron una fuerte enemistad con el epicentro de poder en Argentina.

La legalización del matrimonio gay y las relaciones entre la Iglesia y el estado fueron otros de los desencuentros entre el entonces cardenal arzobispo Jorge Mario Bergoglio y la familia presidencial.

Al año de la llegada al poder de Néstor Kirchner, Bergoglio criticó la intolerancia y el exhibicionismo del gobierno, lo que puso al presidente en guardia contra el entonces arzobispo de Buenos Aires.[10]

En ese momento, Bergoglio se quejaba de la paulatina secularización de la Argentina, aunque recientemente manifestó, tras llegar a ser papa, que es mejor la separación entre la Iglesia y el estado.

Corría el año 2009 y los Kirchner sufrían una campaña de desgaste, acusados de enriquecerse a costa de su cargo, cuando el que en ese momento era arzobispo de Buenos Aires criticó la desigualdad económica como una manera de atentar contra las personas. El presidente argentino se lo tomó como un ataque personal.

Cuando Cristina, la esposa del presidente Kirchner, le sucedió en su cargo, las aguas se calmaron un poco. Pero en 2011, la ley de matrimonio homosexual fue el detonante de nuevas tensiones entre el gobierno y la Iglesia Católica en Argentina.[11]

Incluso, poco después de la elección del papa Francisco, se habló de un misterioso informe «secreto K», que los Kirchner había realizado para impedir la elección del nuevo papa. Al parecer, el informe fue entregado a varios cardenales con la intención de dificultar la elección de Francisco. El dossier incluía acusaciones en las que se informaba de las supuestas relaciones del papa con la dictadura.

El Vaticano señaló a los creadores de este informe como artífices de una falsa denuncia, elaborada por un diplomático de apellido famoso en el peronismo, ideada por un legislador argentino vinculado a los organismos de derechos humanos y filtrada a los que tenían que elegir al futuro pontífice por un cardenal que estaba al tanto de las desavenencias entre Bergoglio y la presidenta.[12]

A pesar de todo esto, parece que las relaciones con Cristina Fernández son correctas. El papa Francisco pidió oración por ella tras su operación.

Con respecto al tema del matrimonio entre homosexuales o el aborto, el papa Francisco prefiere un tratamiento diferente de estos asuntos, no porque haya cambiado su opinión, sino porque no los quiere mantener en el centro de la agenda de la Iglesia Católica.

La elección de Brasil como objetivo del primer viaje al exterior de Francisco no fue casualidad. El país tiene el mayor número de católicos del mundo, pero también es el que más fieles pierde cada año. La presidenta brasileña Dilma Rousseff, sucesora de Lula da Silva, sufrió en las semanas previas a la visita del papa a su país las mayores y más violentas manifestaciones de los últimos años. Algunos pensaron que el pontífice anularía su viaje, pero él siguió con el plan previsto de visitar Brasil el 22 de julio de 2013.

Rousseff le recibió a su llegada al país, aunque sin duda le habían molestado las palabras de varios obispos brasileños y del propio papa a favor de los «indignados» brasileños que se habían manifestado en las últimas semanas. Francisco tenía información de primera mano sobre lo que estaba sucediendo en Brasil gracias a varios arzobispos del país. Uno de los que se dirigió a Roma a primeros de julio fue el arzobispo de Río de Janeiro, el monje cisterciense Orani Joâo Tempesta. También le había informado sobre la situación el cardenal arzobispo emérito de Sâo Paulo, Claudio Hummes. Poco antes del viaje, el papa se reunió con el presidente de la Conferencia Episcopal, el cardenal Raymundo Damasceno.

El 21 de junio de 2013, la Conferencia Episcopal de Brasil redactó un escrito en el que los obispos se ponían a favor de los manifestantes.[13] Hummes comentó a la prensa que el texto había sido consensuado con el papa Francisco, y que este apoyaba a los manifestantes. Eso enfadó al gobierno, y en especial a su presidenta.

Las JMJ en Brasil

En el avión que le llevaba a Brasil, como acostumbraba a hacer Benedicto XVI, el papa Francisco dio una rueda de prensa, hablando brevemente sobre su viaje.

Su primer discurso, nada más pisar suelo brasileño, fue en los Jardines del Palacio de Guanabara de Río de Janeiro. En la alocución reclamó un futuro mejor para los jóvenes y los ancianos, castigados por la crisis económica y las desigualdades. En la ceremonia estaba presente la presidenta del gobierno y los más altos dignatarios brasileños; el discurso fue en ese momento discreto, sin entrar a valorar los problemas del país.

En las diferentes intervenciones puso más el acento en algunas de las problemáticas provocadas por la crisis mundial, como la falta de trabajo y el sistema globalizado e injusto del mundo, pero sin criticar abiertamente al gobierno.

El día 25 de julio de 2013, cuando comenzaba su visita más emotiva en los barrios desfavorecidos de Río de Janeiro, las famosas favelas, el papa Francisco hizo más énfasis en la pobreza en el país y en la falta de un reparto equitativo de la riqueza. Tras recorrer Varginha, el corazón de la favela de Manguinhos, destacó ante las personas más pobres de Río de Janeiro que son ellas quienes poseen una mejor sensibilidad ante la injusticia, aunque comprendía su frustración al sentirse defraudados por ver cómo los que debían proveer la justicia y el bien común estaban inmersos en la corrupción, por sus propias ambiciones personales. Su exhortación fue: «Nunca se desanimen, no pierdan la confianza, no dejen que la esperanza se apague [...] No se habitúen al mal, sino a vencerlo».[14]

Las palabras del discurso en el Teatro Municipal de Río de Janeiro a la clase dirigente del país fueron duras, sobre todo al criticar la opresión a los pobres, leyendo un texto del profeta Amós en que se habla de vender al justo y al pobre, oprimir a los míseros y torcer el camino de los indigentes.[15] Después reconvino a los dirigentes a que usaran el diálogo como fuente para resolver los conflictos.

El crecimiento evangélico en América Latina

El papa Francisco tuvo en Brasil un encuentro con 300 obispos. Tenía una pregunta para ellos: ¿qué está pasando en Brasil?

La Iglesia Católica de Brasil ha pasado en pocos años del 80% de feligreses al 54%. Francisco les comentó que, para evitar esta sangría de fieles, los obispos tenían que adoptar la gramática de la sencillez.[16]

En el discurso a los obispos, el papa habló de los evangélicos, pero sin nombrarlos abiertamente, evitando así la política de confrontación de otros papas anteriores.[17] Francisco llamó a los fieles católicos de Brasil a reconquistar el terreno perdido. En Río de Janeiro comentó de una manera clara, ante la multitud que se congregaba el sábado 27 de julio de 2013, que la Iglesia Católica tiene que preguntarse qué es lo que está haciendo que tanta gente abandone el catolicismo.

En el vuelo de regreso a Roma, tras el viaje a Brasil, el periodista Marcio Campos preguntó al papa directamente sobre el crecimiento de los pentecostales en América Latina y especialmente en Brasil. Francisco confesó que era uno de los problemas que había hablado con los obispos.[18] Afirmó en esa rueda de prensa que el movimiento de la renovación carismática servía, entre otras cosas, para que más católicos no pasaran a confesiones pentecostales.[19]

El papa bolivariano

Algunos han acusado al papa Francisco de apoyar algunas de las ideas de los movimientos populistas de izquierda que hoy en día se extienden por toda Latinoamérica. El más conocido es el llamado movimiento bolivariano, nacido en la Venezuela de Hugo Chávez, pero que tiene también algunos rasgos de la Cuba de Fidel Castro.

El actual presidente de Venezuela, Nicolás Maduro, señaló al enterarse del nombramiento del nuevo papa que el fallecido mandatario venezolano, Hugo Chávez, debió haber influido desde el cielo para que se eligiera por primera vez en la historia un papa latinoamericano. Después reafirmó su seguridad de que su comandante subió al cielo y está frente a frente con Cristo. Para expresar su idea de que Chávez habría intervenido en esa elección, dijo: «... alguna mano nueva llegó y Cristo le dijo: llegó la ahora de América del Sur». Después, el presidente venezolano bromeó diciendo que el difunto comandante podría convocar en cualquier momento una asamblea en el cielo para hacer que sea «el puro pueblo de Cristo el que gobierne el mundo».[20]

Las extravagantes palabras del actual presidente de Venezuela muestran el uso político que muchos quieren hacer del nuevo papa Francisco.

Algunos lo han llamado el papa bolivariano, por su discurso a favor de los pobres. El término lo acuñó un amigo del mismo Bergoglio, el profesor italoargentino Francisco Mele. Este comentó del papa Francisco que tiene una visión geopolítica de América Latina parecida a la de Simón Bolívar, el libertador de varios países de esa región. En palabras de Mele, este papa representa la voz de Latinoamérica. También cree que no se trata solo de un patriota argentino o quizá de un peronista. Como suele decir él mismo, habla a todos los pueblos que viven entre Río Grande y la Tierra del Fuego.[21]

Lo peligroso es que algunas democracias populistas bolivarianas quieran confundir su propio mensaje con el del papa Francisco, lo que terminaría perjudicando al proyecto del nuevo pontífice, que no pasa por imitar ciertas actitudes totalitarias de varios líderes latinoamericanos.

En Estados Unidos, la elección del nuevo papa fue celebrada por el presidente Barack Obama, quien aseguró que el 11 de marzo era «un día histórico», por la elección de un papa iberoamericano, una decisión que refleja la «fortaleza» y la «vitalidad» de esa región en el mundo. Obama ha transmitido su «caluroso saludo» a Francisco «en su ascenso al trono de San Pedro y el inicio de su papado». El presidente elogió también su papel como paladín de los más vulnerables, y como portador del mensaje de amor y compasión que ha inspirado al mundo desde los tiempos de Cristo.[22]

En octubre de 2013, el presidente de Estados Unidos declaraba encontrarse muy impresionado por la humildad y el gran sentido de empatía del nuevo papa Francisco.[23] Nunca un presidente norteamericano había elogiado tanto a un pontífice de Roma.

En varias de las últimas encuestas realizadas en Estados Unidos, la mayoría de los católicos estadounidenses estaban de acuerdo con la nueva agenda de prioridades del papa Francisco.[24]

El hecho de que Francisco sea el primer pontífice de América sin duda ha supuesto un sentimiento de ánimo en la Iglesia Católica en ese continente. Pero se abren muchas incógnitas en los próximos años: ¿cuál será la relación del papa Francisco con la geopolítica de la zona? ¿Conseguirá calar el mensaje de una Iglesia Católica para los pobres en la jerarquía de América?

Durante los once días en que recorrí Estados Unidos promocionando el libro *Francisco: el primer papa latinoamericano*, descubrí una expectación máxima entre los medios de comunicación hispanos en el país, pero también en los anglosajones, que nunca habían dedicado tanto tiempo a un papa, al ser una nación de mayoría protestante. El primer papa latinoamericano tiene aún mucho que decir en la configuración de América como un continente con cada vez mayor peso en el mundo en los próximos años.

CAPÍTULO 9

El nuevo sacerdocio católico

Por el momento estoy a favor de que se mantenga el celibato, con los pros y contras que tiene, porque son diez siglos de buenas experiencias más que de fallas [...] Es una cuestión de disciplina, no de fe. Se puede cambiar.

—FRANCISCO, en el libro *Sobre el Cielo y la Tierra*[1]

Durante mi viaje por Estados Unidos hubo dos preguntas que prácticamente todos los periodistas me hicieron. La primera era sobre el celibato y la postura del nuevo papa a este respecto. La segunda, sobre el papel de la mujer en la Iglesia Católica. Recuerdo el gran *hall* del hotel en el que me alojaba en Los Ángeles y el casi medio centenar de entrevistas que tuve que atender allí, y a todos les comenté lo mismo: Francisco ve el celibato como una tradición eclesiástica y, al no ser un dogma, se puede cambiar. La gran pregunta que nos plantea este tema es: ¿cambiará el papa esa tradición centenaria?

Historia del celibato

En el siglo I, los primeros apóstoles, entre ellos San Pedro, estaban en su mayoría casados, a excepción de San Pablo. Además, algunos estudiosos de la Biblia aseguran que las mujeres llegaron a ejercer cargos de diaconado y enseñanza. En la Biblia también se habla de que los obispos y ancianos deben ser casados[2] y tener a su familia en sujeción.[3]

Durante los siglos II y III, algunos padres de la Iglesia comenzaron a anunciar que era mejor abstenerse y mantenerse «puro». Pero sería en el siglo IV, en el Concilio de Elvira, del año 306, cuando por medio del decreto 43 se prohibió a los sacerdotes dar misa si habían dormido con su esposa la noche anterior.

En el Concilio de Nicea, del año 325, se decretó que los sacerdotes una vez ordenados no se podían casar; y en el Concilio de Laodicea, del año 364, se prohibió que las mujeres fueran ordenadas.

En el siglo VI, el papa Pelagio II no prohibió el matrimonio de los sacerdotes; les estaba permitido con la condición de que las propiedades de la Iglesia no pasaran a sus hijos o esposa.

Durante los siglos siguientes, hasta el año 1074, la práctica general fue que tanto obispos como sacerdotes se casaran, pero el papa Gregorio VII puso la condición de que las personas que quisieran ser ordenadas primero debían hacer el voto de celibato.

En el siglo XII, en 1123, durante el Primer Concilio de Letrán, el papa Calixto II decreta que los matrimonios clericales no son válidos, y este decreto es confirmado en el Segundo Concilio de Letrán. A pesar de todo, esta norma no fue seguida de manera estricta, por ello hay que esperar hasta el Concilio de Trento (1545–1563) para que se establezca de manera definitiva y obligatoria el celibato.

Curiosamente, durante el Concilio Vaticano II sí se aceptaron algunas excepciones al celibato general. Basándose en la Primera Epístola de Clemente, la *Viri probati*, se permitía de manera extraordinaria a hombres casados, de vida cristiana madura y contrastada, la orden sacerdotal como diáconos, presbíteros u obispos. Algunos miembros de la Iglesia Anglicana que se han pasado al catolicismo han sido admitidos sin tener que renunciar a su matrimonio. También se hizo así con los sacerdotes checos de rito oriental durante la etapa comunista.

En la edad contemporánea, el papa Pablo VI publicó la *Sacerdotalis Caelibatus* (24 de junio de 1967),[4] en la que confirmaba el celibato, intentando impedir el espíritu aperturista del Concilio Vaticano II.

El debate actual sobre el celibato

Tanto Juan Pablo II como Benedicto XVI siempre manifestaron la vigencia del celibato y su negativa a suprimirlo. Aunque el papa polaco reconoció que «Jesús no promulgó una ley, sino que propuso un *ideal* del celibato para el nuevo sacerdocio que instituía [...] No pertenece a la esencia del sacerdocio como orden»».[5]

Este es el mismo argumento que el mismo papa Francisco comentó y al que ya hemos hecho referencia, aunque el debate volvió a abrirse cuando el secretario de Estado vaticano, monseñor Pietro Parolin, declaró poco antes de tomar posesión de su cargo que, como no es un dogma de la Iglesia, se puede discutir, porque es una tradición eclesiástica.[6] Aunque el Vaticano ha desmentido que el papa Francisco esté considerando abolir el celibato, es curioso que su secretario comente que «se puede discutir».

El cardenal y arzobispo de Edimburgo, Keith Michael Patrick O'Brien, es uno de los que se ha manifestado a favor del matrimonio de los sacerdotes.[7] O'Brien piensa que el papa Francisco tiene que tomar en consideración este cambio dentro de la Iglesia Católica y que además es él quien tiene competencia para hacerlo.

Sin embargo, lo que preocupa dentro de la Iglesia de Roma es que esa decisión pueda provocar un cisma. De hecho, se han roto las conversaciones del Vaticano con la rama ultraconservadora del obispo Marcel Lefebvre,[8] por la visión aperturista del nuevo papa.

La Iglesia Católica también está preocupada por el descenso de vocaciones sacerdotales. No se cubren todos los puestos vacantes en las iglesias y algunos piensan que, quitando el celibato, esa tendencia se invertiría radicalmente.

Una amiga personal del papa Francisco, Clelia Luro, que en los años sesenta se casó con un conocido obispo argentino, sostiene que el nuevo papa sí está a favor de permitir el matrimonio de sacerdotes.[9]

Pero desde el bando más conservador de la Iglesia Católica se está luchando para frenar estas ideas e incluso impedir un debate abierto de ellas. El teólogo del Opus Dei de la Universidad Pontificia de Santa Cruz en Roma, Roberto Gahl, no cree que forme parte de la agenda del papa el cambio en cuanto al celibato.[10]

El hecho de que Francisco comentara que «por el momento» no se cambiará puede abrir la puerta a que más adelante se cambie, según piensa el analista del Vaticano y profesor en la Universidad Georgetown, el padre Thomas Reese. Este sacerdote dice que ese no es el tipo de comentarios que suelen hacer cardenales y obispos al hablar de ese tema.

El cardenal brasileño Claudio Hummes comentó, al igual que el papa Francisco, que el celibato no es un dogma de fe, sino una cuestión de derecho canónico.[11]

Pero algunos ven que el cambio de la norma supondría un alto coste económico para la Iglesia Católica, ya que con los sueldos actuales los sacerdotes no podrían sostener a sus futuras familias. El impacto económico de esas 400.000 familias sería insostenible para la Iglesia de Roma en la actualidad. Además se dificultaría la movilidad de sacerdotes y la vida en común de religiosos y religiosas, por no hablar del tiempo que los sacerdotes destinarían a sus propias familias y no a la Iglesia.

Dentro de la Iglesia Católica en España, hasta ahora una de las más conservadoras, el debate sobre el tema no ha sentado muy bien. El cardenal arzobispo Antonio María Rouco Varela, primado de España hasta el año 2013, manifestó su oposición a que se revise el celibato. Varela comentó que el celibato se ha confirmado constantemente a lo largo de la historia, tanto por sínodos como por los últimos papas.[12] La Conferencia Episcopal en España ha tenido que salir a declarar que ellos no enjuician a Francisco, que su deber es aceptar al papa sea este cual sea.[13]

El papa Francisco convocó a todos los obispos españoles a Roma, los días 24 de febrero al 8 de marzo, antes de la elección del nuevo presidente de la Conferencia Episcopal de España. De alguna manera, Francisco quiere que la Iglesia Católica en España se aproxime a sus posturas.[14]

Pero el celibato no es el único tema controvertido que tiene el nuevo papa con respecto a la idea del sacerdocio. El ministerio de la mujer parece ser otro de los asuntos polémicos dentro de la Iglesia Católica.

El ministerio de la mujer

La mujer lleva muchos siglos relegada a un papel secundario en la Iglesia de Roma, a pesar de constituir el grueso de la feligresía de muchas congregaciones. La vocación también se ha reducido en los últimos años en cuanto a las mujeres que deciden dedicarse a la vida religiosa.

La mujer, dentro de la Iglesia, no puede ejercer ningún cargo eclesiástico, desde el diaconado, pasando por el presbiterio, hasta el episcopado o el propio papado. En las iglesias ortodoxas sucede algo parecido. En cambio, en algunas protestantes, como la Iglesia Anglicana, la Iglesia Luterana o la Iglesia Metodista, las mujeres pueden ejercer el ministerio sacerdotal e incluso llegar a ser obispo.

En la entrevista concedida a la revista *Razón y Fe*, el papa Francisco habla ampliamente del papel de la mujer en la Iglesia Católica y de su deseo de cambiar el rol que ha estado desempeñando hasta este momento.

Ante las preguntas de cuál debe ser el papel de la mujer en la Iglesia y qué se debe hacer hoy para darle una mayor visibilidad, Francisco respondió que hay que dar más espacio a las mujeres en la Iglesia. Mostró su recelo ante un posible «machismo con faldas», dado que no cree que varón y hembra tengan una misma estructura. Sin embargo, reconoció: «Los discursos que oigo sobre el rol de la mujer a menudo se inspiran en una ideología machista».[15]

La forma de introducir el tema que tiene el mismo Francisco ya demuestra que considera que la actitud de muchos miembros de la jerarquía son machistas y discriminan a la mujer sin ninguna razón puramente doctrinal.

El papa no se queda únicamente en valorar por qué las mujeres no tienen un rol más activo en la Iglesia Católica, también comenta al periodista que ellas están planteando cuestiones y buscando un lugar de más relevancia dentro de la institución. Francisco pone el ejemplo de la Virgen María,[16] para comentar que según él, como católico, ella es más importante que los obispos. El papa además piensa que hay que crear una teología de la mujer y después ver qué funciones puede ocupar dentro de la Iglesia.[17] Para finalizar, añade que en los centros de toma de decisiones, incluidos diferentes ámbitos de la Iglesia Católica, hay que contar con el genio femenino.[18]

En la entrevista concedida al director de *La Repubblica*, el periodista le comenta que en una próxima entrevista le gustaría hablar de la mujer, a lo que el papa responde que la Iglesia es femenina.[19]

Durante la fructuosa rueda de prensa en el vuelo de regreso a Roma tras su viaje en Brasil, el papa también fue preguntado por este tema por la periodista Jean-Marie Guénois, quien se interesó por saber qué medidas concretas iba a tomar para aprovechar el valor positivo que él reconoce a la mujer en la Iglesia. La entrevistadora planteó un ejemplo específico: «Por ejemplo, ¿el diaconado femenino o una mujer responsable de un dicasterio?».[20] El papa Francisco, como ya hemos visto, ha comentado en numerosas ocasiones la necesidad de que la mujer participe más en las decisiones de la Iglesia Católica y en su ministerio, pero nunca ha concretado cómo, por eso esta pregunta y su respuesta son tan importantes.

Responde que una Iglesia sin mujeres es como el colegio apostólico sin María. El papel de la mujer es mucho más que su rol de madre. La Iglesia tiene un rol femenino como madre y esposa. El papa Francisco mencionó también el escrito de Pablo VI sobre la mujer, pero piensa que se debe ir más lejos que hacer una lectura, servir como monaguillo o ser presidenta de Cáritas. Sin embargo, no quiso especificar mucho más.[21]

La periodista Ana Ferreira, de origen brasileño, intentó acotar el tema y preguntar directamente por el sacerdocio de la mujer. Francisco tampoco llegó a definirse en esta ocasión, mencionó el no de Juan Pablo II a la ordenación de la mujer y comentó que había que seguir pensado en el cómo y buscar una formulación positiva para ellas.[22]

Curiosamente, el nuevo papa no se ha conformado únicamente con hablar del deseo que tiene de que las mujeres tomen más protagonismo en la Iglesia Católica, de alguna manera ya ha comentado que quiere que estén en sus lugares de decisión. Esto podría indicar que la mujer ocupe más cargos en el Vaticano. Ya hemos hablado de una de las nuevas asesoras del papa Francisco, pero no es la única. Cada vez hay más mujeres en lugares de influencia en Roma.

En el Palacio Apostólico hay cuatro laicas consagradas pertenecientes a las *Memores Domini*. Benedicto VI, en su etapa como prefecto, tenía una secretaria. El secretario de Estado también tiene una secretaria, Eurosia Bertolassi. Una de las mujeres que más tiempo lleva en el Palacio Apostólico es sor María Sebastiana Posati.

En los todos los dicasterios, menos en el del Culto Divino, hay mujeres. Entre ellas destacan además sor Enrica Rosanna, primera, y hasta el momento única, «subsecretario» de una Congregación; también sor Sharon Holland, que es jefe de oficina del dicasterio de los Religiosos; y

Paola Fabrizi, también «jefe de oficina» del Pontificio Consejo para la Promoción de la unidad de los cristianos. Dentro de la Fábrica de San Pedro tenemos, además, a otra jefe de oficina, Maria Cristina Carlo-Stella, que anteriormente había ocupado el mismo cargo en la Pontificia Comisión para los Bienes Culturales.[23]

La tendencia es que poco a poco las mujeres ocupen más cargos de gobierno. El papa defiende el papel de ellas en la Iglesia y en los lugares donde se toman decisiones.

La mujer cardenal

En muchos medios de comunicación se interpretaron las palabras del papa Francisco como una insinuación de que estaba pensando en nombrar a una mujer como cardenal.

El diario *El País* fue uno de los que comentó la noticia, pero también el periódico italiano *La Repubblica*. El periodista de *El País*, Juan Arias, justifica sus palabras en el artículo concedido a la revista de los jesuitas y que ya hemos comentado varias veces.[24] Arias confiesa que el cambio no será fácil. Hace 800 años muchas mujeres llegaban a ser diaconisas, pero en la actualidad no ejercen cargos eclesiásticos. El diaconado será el primer paso, como comentó la mayor experta en este tema, Phyllis Zagano, profesora de la Universidad de Loyola de Chicago: «El diaconado femenino no es una idea para el futuro. Es un tema de presente, para hoy».[25]

Benedicto XVI dijo que era algo que estaba en estudio, pero el papa Francisco puede acelerar este proceso. Otras iglesias, como la Armenia o la Ortodoxa, ya tienen diaconisas.

En el caso de que fueran diaconisas, se las podría nombrar como cardenales, ya que el cardenalato no es un cargo eclesiástico, como muchos creen, sino un cargo administrativo. No aparece en la Biblia y fue creado para gobernar la Iglesia Católica y el Vaticano. El título de cardenal es honorífico, lo concede el papa y el candidato pasa a formar parte del Colegio Cardenalicio. La mayoría de los cardenales ocupan sedes episcopales, arzobispados o puestos en la curia vaticana.

El término cardenal significa en latín «bisagra», lo que viene a interpretarse como uno de los puntos de apoyo del obispo de Roma. En el principio, el cardenalato estaba compuesto por presbíteros y diáconos de Roma que apoyaban la labor del papa, hasta que, en el siglo IV, los cardenales comenzaron a ejercer funciones administrativas y ejecutivas con respecto a la Iglesia de Occidente.

En el siglo VIII, los diáconos palatinos de Roma llevaban oficialmente tareas de gobierno y eran los candidatos para ser promovidos a papa. Juan VIII, en el siglo IX, creó el consistorio, que agrupaba a estos funcionarios de la Iglesia Católica.

En el siglo XI, el decano del Sacro Colegio comenzó a desempeñar, en sede vacante, las tareas como puente entre la muerte de un papa y su sucesión. Cien años más tarde, los cardenales romanos primero y después todos los cardenales fueron los encargados de elegir al nuevo papa, potestad que hasta ese momento había tenido el pueblo de Roma.

La configuración del propio Colegio Cardenalicio abre la posibilidad a que una mujer pueda pertenecer a él.

El debate está abierto, a pesar de que muchos prefieren zanjarlo comentando que el papa Francisco no tiene ninguna intención de nombrar a una mujer cardenal.

En cambio, la historiadora italiana Lucetta Scaraffia, columnista de la prestigiosa revista católica L'Osservatore Romano, sí piensa que pronto puede haber una mujer cardenal.[26] Ella cree que el papa Francisco puede propiciar este cambio. Algunas voces dentro de la jerarquía llevan años pidiéndolo, como Ernst Kombo, obispo congoleño. Kombo además propuso que las cardenales fueran laicas, para que no se encontraran con el escollo del sacerdocio femenino.

El Vaticano desmintió que el papa estuviera pensando en nombrar cardenal a una mujer. Aciprensa, la agencia de noticias de la Iglesia Católica, criticó que el articulista del periódico El País se basara en conjeturas sobre lo que puede pasar o no por la cabeza del nuevo papa para afirmar que Francisco tenía esta intención.[27]

El portavoz del Vaticano, Pedro Federico Lombardi, también ha desmentido que el papa esté pensando en nombrar a una mujer cardenal. Lombardi criticó más a la fuente que la idea, como si no quisiera hacer mucho énfasis en la negativa de Francisco a nombrar a una mujer para un cargo de tanta importancia.[28]

Dentro de los jesuitas, sí se defiende la idea de un cambio a este respecto. El jesuita alemán Eberhard von Gemminger, director de programas de Radio Vaticano, sí ve la necesidad de mujeres cardenales, incluso ha comentado que la mitad de los cardenales debería ser del género femenino. Sin embargo, él piensa que ese cambio aún puede tardar en llegar. Incluso puede que pase un siglo antes de que se vean mujeres en ese cargo.[29]

Al final del libro haremos un comentario en profundidad sobre los tiempos de la Iglesia Católica y las expectativas de cambio de Francisco. Un papa no puede cambiar de manera significativa la Iglesia Católica, pero sí puede marcar una hoja de ruta para que las cosas cambien en los próximos años.

Párrocos cercanos y laicos dispuestos

El papa Francisco lleva desde el principio de su pontificado animando a un cambio dentro del sacerdocio católico. Defiende que el sacerdote no debe juzgar a los feligreses, su misión más bien es acogerlos en momentos difíciles. Así lo explica en su entrevista para *Razón y Fe*, donde dice que lo importante es siempre la persona. Afirma que el deber de los religiosos es acompañar a las personas, porque eso es lo que Dios hace, y que en tales quehaceres el sacerdote recibe del Espíritu Santo las palabras adecuadas en cada situación.[30]

En su viaje a Brasil, Francisco estimuló a los sacerdotes a que estén cerca de los jóvenes, que cultiven la cultura del diálogo y que tengan el valor de ir contracorriente.[31]

Les pide además que sean más austeros para dar ejemplo a los feligreses; que no tengan coches costosos;[32] que estén muy cerca de la gente; que abunde la misericordia. El papa lo denomina «olor a oveja». Por ello pide a los sacerdotes que vayan a la periferia de las ciudades a ayudar a los más desfavorecidos y que no se conviertan en intermediarios o simples gestores, quiere que sean mediadores.[33]

También les exhorta a combatir el mal y al diablo. Francisco quiere que los sacerdotes no olviden su lucha espiritual. Por eso comenta, en su homilía en la Casa Santa Marta, que en la Biblia vemos esa lucha del propio Jesús contra los demonios.[34]

El papa quiere que los laicos se involucren de una manera clara en la misión de predicar y enseñar. Por eso ha insistido en sus distintas homilías que los cristianos tienen que ejercer su ministerio. En la ceremonia de Fátima, Francisco recordó a los feligreses católicos que no pueden serlo a medias, que no se puede ser cristiano a ratos.[35]

Pide responsabilidad a cada cristiano, ya que, según comenta, la Iglesia Católica no puede ser la *baby-sitter* de los laicos.[36] Los fieles tienen que apoyarse en la fuerza del Espíritu para vivir su vida cristiana. Pero también pide a los sacerdotes y obispos que no sometan a los laicos, como se desprende del discurso al CELAM en el viaje del papa Francisco al Brasil. Para que funcione la Iglesia a nivel local, comenta que hay que cambiar las estructuras y la dinámica de la misión.

En palabras del papa, los laicos tienen un papel importante en la Iglesia.[37] Deben salir a la calle y dejar de pensar en sí mismos.[38] En definitiva, el pontífice pretende terminar con las dos iglesias que hay en este momento, una jerarquizada que tiene toda la iniciativa, y otra pasiva que espera únicamente que actúe la primera.

Francisco es consciente de que el poder de la Iglesia Católica no está en su riqueza material, en el dominio político que pueda ejercer o en su antigüedad, realmente está en los más de mil millones de fieles repartidos por todo el mundo. El papa quiere que estos fieles, unidos a los sacerdotes católicos, se dediquen a extender el mensaje de su Iglesia.

Mientras miraba el monitor en los estudios de CNN Español en Atlanta, me sorprendía la multitud que esperaba las últimas palabras del papa. Pensé en el enorme peso que llevaba sobre sus hombros y en la gran influencia que ejercía sobre millones de personas. Cuando en las entrevistas me preguntaban por qué Francisco siempre pedía que rezaran por él, algunos de los periodistas comentaban si era porque tenía miedo a un atentado. Yo les contestaba que lo que sentía el papa era la pesada carga de toda una Iglesia Católica que le miraba para saber en qué dirección tenía que caminar.

PARTE
III

Reformas externas: un mundo más justo y equitativo

CAPÍTULO 10

Relación con otras confesiones cristianas

Es importante [...] reconocer lo que el Espíritu ha ido sembrando en los otros como don también para nosotros.

—FRANCISCO, en su entrevista para *Razón y Fe*[1]

Mientras viajábamos en taxi por la ciudad de Miami en dirección a los estudios de Univisión, mi cansada vista se dirigía a los interminables suburbios que rodean la ciudad. Cada pocos kilómetros veía un sin fin de iglesias y alguna mezquita musulmana. Las había de todos los tipos y con una gran variedad de nomenclaturas. Me sorprendió esa diversidad y riqueza, a la que no estamos acostumbrados los europeos, pero también me asombraba ver cómo Estados Unidos ha conseguido que todas esas comunidades convivan sin apenas conflictos.

La Iglesia Católica ha trazado un camino ecuménico especialmente desde el Concilio Vaticano II. El espíritu de Juan XXIII, al igual que el de muchos cristianos de su generación, era el de romper barreras entre las comunidades. Tras la Primera y la Segunda Guerra Mundial, la Guerra Fría estaba ahogando a todo el planeta, pero el papa Juan XXIII abrió, como hasta ese momento ningún otro lo había hecho, las puertas de la Iglesia Católica para cambiar las cosas.

Ecumenismo en la Iglesia Católica

El ecumenismo es el movimiento que busca la unidad de los cristianos para superar los grandes cismas que el cristianismo ha tenido a lo largo de los siglos. En realidad nunca han estado unidas todas las iglesias; casi desde la fundación del cristianismo ya encontramos las primeras disputas y divisiones.

No hay que confundir el ecumenismo con el diálogo interreligioso, que también ha avanzado en los últimos años y del que hablaremos en el próximo capítulo.

El término ecumenismo viene del griego *oikoumenikos*, y significa lugar o tierra poblada como un todo. En definitiva, quiere expresar unidad.

El diálogo entre las iglesias no comenzó de forma continuada hasta el año 1908, cuando dos estadounidenses episcopalianos llamados Spencer Jones y Paul Watson lanzaron la idea de la organización llamada Octava por la Unidad de la Iglesia. El primero en tomar el testigo fue el mundo anglicano. Unos meses después, Paul Watson se convirtió al catolicismo y la Iglesia de Roma adoptó y patrocinó la idea del ecumenismo.

La Iglesia Católica, según su doctrina, se considera la única que ha continuado la tradición apostólica y que lleva ininterrumpidamente predicando desde tiempos de Jesús, por ello cree que el ecumenismo es la herramienta para que todas las iglesias vuelvan a su seno,[2] aunque se las vea como fieles al magisterio de la Iglesia y se las considere iglesias hermanas.

La Iglesia Anglicana dejó la organización creada por Jones y Watson. No fue hasta 1921 cuando se creó la *Church Unity Octave Council*, que buscaba la unión de su Iglesia y la Católica.

En el año 1910 comenzó la Conferencia Misionera Mundial en la ciudad de Edimburgo, donde nació el movimiento ecuménico moderno. Tras la primera reunión se creó un comité de seguimiento, del que nacería el Consejo Misionero Internacional.

Al principio, la Iglesia de Roma no vio con buenos ojos este movimiento, aunque algunos sacerdotes asistieran a sus reuniones. El papa Pío XI publicó la encíclica *Mortalium animos* sobre el ecumenismo, en la que se distanciaba de esa corriente.[3]

El Consejo Mundial de Iglesias tomó el relevo del ecumenismo en el año 1938, pero no fue hasta 1949, tras la Segunda Guerra Mundial, cuando el movimiento cobró fuerza.

Juan XXIII, como ya comentamos, fue el gran adalid del movimiento ecuménico dentro del catolicismo. Creó una Secretaría para la Promoción de la Unidad de los Ccristianos, para preparar el tema de cara al Concilio Vaticano II. Después del concilio se constituyó el Consejo Pontificio para la Unidad de los Cristianos, cuyo primer presidente fue el cardenal Agustín Bea.

El papa Juan XXIII pronunció en su lecho de muerte unas palabras que favorecen el ecumenismo:

> Ofrezco mi vida por la Iglesia, por la continuación del Concilio Ecuménico, por la paz en el mundo y por la unión de los cristianos [...] Mis días en este mundo han llegado a su fin, pero Cristo vive y la Iglesia debe continuar con su tarea.[4]

En el Concilio Vaticano II se establecieron los puntos en los que debía desarrollarse el diálogo con las demás iglesias.

Pablo VI dio tímidos pasos en este sentido y únicamente se centró en la oración entre varias confesiones. Juan Pablo II escribió en mayo de 1995 la encíclica *Ut unum sint*, en la que se animaba a la fraternidad y la solidaridad entre las iglesias al servicio de la humanidad.

En el año 2004 se fundó la comunidad Misioneros y Misioneras del Amor Sacramentado, enfocada a la solidaridad y el ecumenismo.

La Iglesia en general no ha avanzado mucho en el ecumenismo, aunque se han conseguido algunas metas, como la validez del bautismo en otras iglesias cristianas, también la validez de los matrimonios, la participación de la eucaristía y a nivel doctrinal. Todos estos avances están centrados en las iglesias ortodoxas, protestantes y católica, pero no incluyen a numerosas iglesias protestantes congregacionalistas e independientes.

Benedicto XVI tuvo varios encuentros con patriarcas y otras autoridades eclesiásticas. Tras su llegada al papado, el papa alemán dijo que el ecumenismo sería una de las prioridades de su mandato. Lo expresó en su llamado «manifiesto del pontificado», dirigido a los cardenales, aunque no se llegó a avanzar mucho en este tema.

¿Cómo ve el papa Francisco el ecumenismo?

Los jesuitas, que hasta hace más o menos un siglo eran la orden religiosa que únicamente recibía órdenes del papa y que había sido creada para combatir la «herejía» o heterodoxia, defienden en la actualidad el ecumenismo.

Francisco ya ha expresado en varias ocasiones su firme voluntad de avanzar por ese camino. En el discurso pronunciado el 26 de marzo de 2013 ante miembros de otras iglesias cristianas y otras religiones, el papa habló de este deseo. En las celebraciones por el quincuagésimo aniversario del Concilio Vaticano II dijo que desea impulsar el ecumenismo, en especial con algunas iglesias como las Ortodoxas, la Anglicana y la Luterana. Lo afirmó ante todos esos líderes religiosos de manera clara, expresando que al hacerlo continuaba la línea de sus predecesores de seguir adelante en el diálogo ecuménico. Agradeció de antemano «al Consejo Pontificio para la Promoción de la Unidad de los Cristianos la ayuda que continuará ofreciendo en mi nombre para esta nobilísima causa».[5]

Durante el discurso ante las autoridades religiosas, el papa Francisco aseguró que el respeto era fundamental para avanzar en el diálogo ecuménico e interreligioso. Del segundo hablaremos más ampliamente en el próximo capítulo.

Uno de los hitos de este encuentro con los líderes de otras iglesias fue la asistencia de un patriarca ortodoxo a la entronización de un papa, algo que no sucedía desde el año 1054. En este caso se encontraba en el acto el patriarca Bartolomé I, de la Iglesia Ortodoxa de Grecia.

El espíritu ecuménico no es nada nuevo en Francisco. En su etapa como arzobispo de Buenos Aires ya tuvo un fuerte acercamiento a otras confesiones cristianas y participó de numerosos encuentros en este sentido.

El ministro general de la Orden Franciscana, José Rodríguez Carballo, también ha reconocido que Francisco tiene un carisma especial para el ecumenismo. El franciscano comentó a este respecto que el nuevo papa impulsaría el diálogo en todos los sentidos. En primer lugar hacia otras confesiones, pero también con otras religiones y con la sociedad moderna. Para ello, según el ministro general de la Orden Franciscana, Francisco quiere cambiar primero el rostro de la curia.[6]

El trabajo con el ecumenismo ya le granjeó un reconocimiento al papa Francisco en su etapa como arzobispo de Buenos Aires. La Asociación de Periodistas de la Televisión y la Radiofonía Argentinas galardonó a Jorge Mario Bergoglio con el premio Martín Fierro honorífico por el diálogo con otras confesiones y religiones.[7]

Los pasos de Francisco en este sentido parecen claros, aunque en la actualidad tiene tantos frentes abiertos que imagino que tardará un tiempo antes de profundizar en ese diálogo. Ya ha prometido que visitará Egipto, para apoyar a la minoría cristiana en un momento de gran persecución en los países musulmanes.

Cuando el director del diario *La Repubblica* comentó al papa que, a pesar del gran número de católicos, eso no quita que sean una minoría a nivel mundial, Francisco no se quedó en silencio, le hizo un comentario agudo. Le dijo que los cristianos siempre han sido minoría y que en eso radicaba su fuerza. Por eso el papa le comentó que la Iglesia Católica debía abrirse a la cultura moderna. ¿Cómo iba a abrirse a esa cultura? Para él, las herramientas eran el ecumenismo religioso y el diálogo con los no creyentes.[8]

Los primeros pasos en ese diálogo entre la Iglesia Católica y otras confesiones comienzan a ver sus primeros frutos. En septiembre del año 2013, el papa se reunía con su santidad Moran Baselios Marthoma Paulose II, líder de la Iglesia Ortodoxa siro-malankar de la India.[9] En junio de 2013, Francisco recibió a una delegación del patriarca ortodoxo de Constantinopla, en un acto formal, pero que pone de manifiesto las buenas relaciones con estas confesiones.

Ecumenismo y evangélicos

A pesar de los avances dentro del ecumenismo, muchas de las confesiones más antiguas miran con desconfianza a las denominaciones congregacionalistas, sobre todo a las pentecostales.

El crecimiento de los evangélicos en América Latina, Asia y África siempre ha preocupado a muchas iglesias clásicas, pero sobre todo a la

Iglesia Católica. Ya hemos comentado que el viaje del papa a Brasil tenía entre otros objetivos la intención de romper la tendencia de los últimos años. Eso no ha impedido que, en el terreno personal, Francisco tenga buena relación con algunos líderes evangélicos.

En junio de 2013, varios pastores argentinos visitaron al papa Francisco, pero más bien de manera personal, ya que durante el mandato de Bergoglio en Argentina participó en diferentes encuentros ecuménicos con evangélicos.

Los pastores evangélicos eran Jorge Himitian, Norberto Saracco, Carlos Mraida, Omar Cabrera, Ángel Negro y Humberto Golluscio, que tras verse con el papa oraron por él en la residencia de Santa Marta en el Vaticano.[10] Uno de los pastores entregó a Francisco un mensaje basado en Jeremías capítulo 1, en el que habla de su labor como profeta.[11] El mensaje ha sido cuestionado por otros líderes evangélicos, que creen que las diferencias doctrinales entre la Iglesia Católica y las creencias evangélicas son insalvables.

En las declaraciones del pastor Himitian parecía haber cierto optimismo en cuanto a las relaciones entre diferentes credos. Cuenta cómo les habló de los aspectos positivos de la apertura que se está viendo en América Latina, donde el carácter popular propicia que la gente vuelva a la fe en medio de las ansiedades que le rodean. El pastor expresó también su deseo de que la iglesia y los sacerdotes sepan satisfacer el hambre de las personas que están más abiertas a la fe. Dijo además que si tanto unos como otros evangelizan sin proselitismo se llenarán los templos de ambas corrientes cristianas.

En el año 2012, 6.000 evangélicos y católicos celebraron un culto ecuménico. Jorge Mario Bergoglio intervino cuando era arzobispo de Buenos Aires y realizó unos comentarios sobre la pérdida de ternura de la Iglesia.[12] De todos modos, dentro del mundo evangélico en Argentina son muchas las voces que critican este acercamiento del papa Francisco a los evangélicos, porque ven algo más detrás de las buenas intenciones de la Iglesia Católica.

Guillermo Prein, un pastor muy conocido de Argentina, no ve con buenos ojos el papado de Francisco. Se conocen personalmente y el pastor Prein comentó que el papa se manifestó cristocéntrico, conforme a una de las principales doctrinas del protestantismo que expresa que no hay otros intermediarios entre Dios y los hombres, pero que al mismo tiempo es muy devoto de la Virgen.[13] De hecho, ha consagrado su pontificado a la Virgen de Fátima.[14] En octubre de 2013, Francisco confió el mundo a la Virgen María.[15] Dentro del mundo católico, esta consagración se interpreta como un misterio. Se ha realizado otras dos veces, una en el año 1943, ante el crecimiento del neopaganismo en plena Segunda Guerra Mundial, y algunos creen que influyó en la derrota del nazismo. La segunda fue en 1984, tres años después del atentado sufrido por Juan Pablo II, que supuso cinco años más tarde la caída de la Unión Soviética y del comunismo. No sabemos cuál ha sido la intención del papa Francisco en esta tercera consagración.[16]

Otras de las alegaciones de Guillermo Prein es que, a pesar de potenciar el ecumenismo, Jorge Mario Bergoglio ha apoyado leyes discriminatorias en la Argentina contra minorías religiosas y no ha renunciado nunca a los privilegios que la Iglesia Católica tiene en el país.[17]

Desde el bando católico también hay quien ve mal la proximidad del papa Francisco a los evangélicos y su visión ecuménica. Durante su viaje a Brasil, el papa visitó una Iglesia Evangélica de las Asambleas de Dios,[18] aunque los medios de comunicación apenas hablaron de esta visita no programada.

Lo que a muchos les puede estar sucediendo en cuanto a Francisco es que confunden su afán reformista dentro de la Iglesia Católica con un deseo de cambio doctrinal. El papa es conservador en la doctrina, aunque revolucionario en las formas. Quiere cambiar la curia y dar más peso al papel de la mujer, pero su doctrina está dentro de la tradición católica.

El ecumenismo todavía no ha cumplido cien años, pero aún está muy lejos de conseguir resultados duraderos. El catolicismo está cerca, en la forma y la doctrina, de iglesias como la Luterana, la Reformada o la Anglicana, pero la aceptación del sacerdocio femenino, la postura con respecto a la homosexualidad o el matrimonio de los ministros son los grandes escollos. Con respecto a los ortodoxos sucede lo mismo, ya que sus sacerdotes pueden casarse. En el mundo evangélico, las diferencias son aun más grandes. Además de las grandes diferencias de forma, de la jerarquización de la Iglesia o del distinto concepto del sacerdocio, las diferencias doctrinales son evidentes.

La Iglesia Católica en América Latina, África y Asia seguirá compitiendo con las iglesias evangélicas y eso no parece que vaya a cambiar por el momento.

El pluralismo religioso era mucho más que un espejismo en aquella mañana mientras mi taxi se dirigía al centro de la ciudad de Miami. Ese pluralismo no se va a detener en el crecimiento de diferentes confesiones cristianas, que además tiene que superar el reto de convivencia entre personas de diferentes religiones, en especial judíos, musulmanes y cristianos, pero también budistas, confucionistas, hindúes o sijs.

CAPÍTULO 11

Relación con musulmanes y judíos

A lo largo de mi ministerio como arzobispo de Buenos Aires [...] nos hemos enriquecido recíprocamente en el encuentro y en el diálogo.

—FRANCISCO, discurso ante la delegación del Comité Judío Internacional[1]

En la ciudad donde vivo, la iglesia a la que pertenezco está justo enfrente de la mezquita. Es una calle estrecha del centro del pueblo y las dos comunidades nos cruzamos todos los días por las aceras. Muchas mujeres musulmanas y algunos hombres vienen al reparto de alimentos que se hace cada semana y solemos conversar con ellos. Hace un tiempo, un grupo de estudiantes del Corán apareció en varias de las reuniones y después nos pidió hablar con nosotros. Al parecer estaban interesados en conocer más de Jesús y, sobre todo, saber si en la Biblia se mencionaba de alguna manera la llegada de un profeta especial. El diálogo fue muy interesante y constructivo, logramos conocernos un poco más y charlar amigablemente.

En el año 2011 tuve el privilegio de ser invitado por la Asociación Sefarad de España a un viaje por Francia para conocer la persecución judía en ese país y la colaboración de algunas confesiones cristianas protestantes, que lograron salvar a miles de niños judíos.

Dos de los lugares que más me impactaron durante aquel hermoso viaje fueron, por un lado, la visita al Memorial de la Shoah en París y, unos días más tarde, la visita a la Maternidad de Elna, que cerca de Perpiñán fundó y dirigió Elisabeth Eidenbenz, una joven profesora y enfermera suiza que ayudó a madres y niños de la República Española que huían de la guerra civil, y más tarde también a refugiados judíos. Aquel edificio en mitad de la campiña fue una isla de esperanza en un mar de violencia. Después de la visita nos sentamos en los jardines y, mientras nuestra guía francesa hablaba, me eché a llorar. Aquel horror de odio religioso y étnico había terminado con la vida de millones de personas.

Diálogo interreligioso

Las religiones tienen que comunicarse. El fanatismo es un peligro y crea fantasmas donde nos los hay. Musulmanes, judíos y cristianos son considerados las tres culturas del libro, la Biblia. Tienen muchas cosas en común y una misma raíz, el Dios hebreo, que escogió a Abraham, de cuyos «lomos» han salido las tres religiones.

El diálogo no es siempre fácil y, a pesar de algunos avances en los últimos años, las diferencias entre judíos, cristianos y musulmanes son evidentes. En la actualidad se calcula que hay cincuenta países en los que se persigue al cristianismo. Entre 50.000 y 70.000 cristianos están internados en campos de concentración por su fe. La iglesia perseguida puede ascender a unos 150 millones de personas.[2]

Las listas de los países que más persiguen a los cristianos están encabezadas por Corea del Norte, Afganistán, Arabia Saudita, Somalia e Irán. En el año 2011, se calcula que unos 100.000 cristianos fueron asesinados por su fe. La mayor parte de los países que persiguen a los cristianos son de mayoría musulmana. Esto dificulta el diálogo interreligioso, sobre todo con esta comunidad.

El fundamentalismo y el terrorismo, cuyo máximo exponente fue el atentado a las Torres Gemelas del 11 de septiembre del año 2001, pusieron de manifiesto que el diálogo estaba roto y que se estaba produciendo lo que algunos denominaron la «lucha de civilizaciones».

Juan Pablo II y Benedicto XVI en el diálogo con los musulmanes

Juan Pablo II fue el primer papa en viajar a un país musulmán, con su visita a Marruecos del año 1985. En el año 2001, Juan Pablo II visitó una mezquita, la de Damasco. En el discurso pronunciado aquel día comentó que el hombre es un ser espiritual, que necesita reconocer a Dios sobre todas las cosas. Dijo: «Cristianos y musulmanes estamos de acuerdo en que el encuentro con Dios en la oración es el alimento necesario de nuestras almas».[3]

A pesar de que Juan Pablo II sufrió un intento de asesinato por parte de un musulmán turco, otros fieles del islam, como los bosnios, agradecieron el apoyo del papa polaco en la guerra étnica que se desató en Yugoslavia en los años noventa.[4]

En el Concilio Vaticano II se produjo la Declaración de *Nostra Aetate*, en la que se hablaba de las relaciones con otras religiones. Con respecto al islam dice que, aunque a lo largo de los siglos había habido muchas desavenencias entre cristianos y musulmanes, el Concilio exhortaba a que se olvidaran y se promoviera la paz, la libertad y la justicia social.[5]

Desde la conocida como Primavera Árabe, proceso político comenzado en el año 2010, la intolerancia religiosa ha aumentado, sobre todo en el norte de África y en Oriente Próximo. Cientos de miles de cristianos han dejado países en los que habían estado conviviendo con los musulmanes durante siglos.

En el año 2006, Benedicto XVI dio una ponencia en la antigua universidad donde había sido profesor de teología, la Universidad de Ratisbona, en Alemania. El título de la conferencia era: «Fe, razón y la universidad: memorias y reflexiones». Durante su charla, el papa pronunció una cita que levantaría una gran polvareda mediática y las protestas del mundo musulmán. El texto que citó decía, refiriéndose a lo que el profeta del islam había aportado: «... solamente cosas malvadas e inhumanas, como su directiva de difundir por medio de la espada la fe que él predicaba».[6] La cita es del docto emperador bizantino Manuel II Paleólogo, en un diálogo que mantuvo con un persa culto sobre el cristianismo y el islam en el año 1391. En el mundo musulmán se produjo una reacción en cadena y protestaron los ministros exteriores de Egipto, Irak, Irán, Turquía, Yemen, Afganistán, La India, Indonesia, Pakistán, incluso Alemania, Italia y Suiza.

Las palabras del papa Benedicto XVI seguramente fueron sacadas de contexto, pero esto nos habla de la tensión religiosa que sigue existiendo en el mundo actual.

Las persecuciones constantes a cristianos, como las condenas a muerte de algunos pastores, apenas reciben la repercusión mediática y la repulsa internacional que otros ataques a los derechos humanos sí tienen.

Dentro de este difícil equilibrio, el nuevo papa parece ser un hombre abierto al diálogo entre las religiones.

El papa Francisco y el islam

Desde el comienzo de su pontificado, Francisco ha pedido intensificar el diálogo con el islam. A pocos días de su elección, y ante el cuerpo diplomático representante de 180 países, el papa habló de su deseo de dialogar más activamente con todas las religiones y en especial con el islam.[7]

Francisco ha intentado acercamientos con los musulmanes, como la carta enviada al gran imán de la Universidad Islámica de al-Azhar, en septiembre del año 2013. El diálogo interreligioso se había interrumpido cuando Benedicto XVI denunció los ataques de radicales islámicos a la catedral copta de Alejandría en el año 2011. El papa espera con su acercamiento reanudar el diálogo con los musulmanes.

En agosto de 2013, Francisco felicitó a los musulmanes con motivo del final del Ramadán y la Junta Islámica de Italia le agradeció el gesto.[8] En el saludo, el papa dijo a los musulmanes que les felicitaba por su fiesta y les animaba al diálogo entre las religiones.[9]

Su actitud en el conflicto en Siria, en el que pidió que no se interviniera militarmente para agravar más la guerra, fue tomada por la Junta Islámica como un gesto de concordia. La Junta Islámica y el nuevo papa celebraron una reunión de oración conjunta el 7 de septiembre de 2013.[10]

Algunos cristianos han criticado este acercamiento, que se produce sin que el papa o la Iglesia Católica pidan a los musulmanes, de una manera contundente, que cese la persecución en sus países hacia los cristianos.

Además, crece la islamofobia en los países occidentales. Se han producido atentados en mezquitas de Rusia, Bélgica, Bruselas o el Reino Unido. Sin duda, el diálogo será necesario para que no siga creciendo la tensión entre musulmanes y cristianos.

El papa Francisco y los judíos

La diplomacia vaticana tiene un papel muy complejo en el siempre difícil equilibrio entre la relación que mantiene con los judíos y la que guarda con los musulmanes. La tensión se transmite a todos aquellos que de alguna manera intentan acercarse a alguna de las dos comunidades.

Juan Pablo II mejoró notablemente la relación con la comunidad judía, que nunca fue fácil. El papa polaco, como en el caso de Francisco, también tenía un buen amigo judío, llamado Jerzy Kluger.[11] Aunque la amistad o buena relación con una persona de otra religión puede ayudar a entender algunas posturas y formas, no significa que las relaciones con esa comunidad mejoren radicalmente.

Cuando Juan Pablo II llegó al papado, la mayoría de las comunidades judías seguían desconfiando de la Iglesia Católica y del occidente cristiano que había permitido e incluso colaborado en el exterminio de seis millones de judíos. Wojtyla comenzó su pontificado hablando de denunciar cualquier comportamiento antisemita y de intentar ahondar en las relaciones entre ambas religiones.

El rabino James Rudin, director interreligioso del Comité Judío Americano de Nueva York, cuando conoció al papa polaco se mantuvo escéptico con respecto al supuesto acercamiento entre ambas comunidades, pero unos años después confesó: «Estoy aquí para decirles que los escépticos estaban equivocados. Él fue el papa más grande para las relaciones católico-judías en la historia de la Iglesia».[12]

Juan Pablo II fue el primer papa en visitar Tierra Santa desde hacía siglos, también en ir al Muro de las Lamentaciones, pero sobre todo en escribir sobre la relación entre ambas religiones.

Uno de los pasos del papa Wojtyla fue establecer relaciones con el estado de Israel en el año 1994, aunque los acercamientos entre católicos y judíos ya habían comenzado durante el Concilio Vaticano II, con la famosa declaración *Nostra Aetate* del año 1965.

Benedicto XVI, sucesor de Juan Pablo II, siguió fomentando este acercamiento entre ambas comunidades. No olvidemos que Ratzinger es de origen alemán y que, como muchos compatriotas, vivió bajo el régimen nazi de Hitler. El simple hecho de ser alemán y haber pertenecido al ejército, aunque fuera de manera obligada y siendo un adolescente, levantó el recelo de algunos judíos.

Benedicto XVI era consciente del peso de la historia y de las suspicacias que levantaba su pasado, por ello eligió para uno de los primeros actos de su pontificado el Campo de Exterminio de Auschwitz, la mayor fábrica de muerte de la historia de la humanidad.[13] En la ceremonia, el papa desfiló junto a sus cardenales en la amplia explanada del campo. Al fondo, treinta y dos supervivientes le esperaban para reunirse con él. Entonces el rabino jefe de Polonia, Michael Schudrinch, recitó el *Kadish*, mientras se escuchaba una canción sobre el lamento del pueblo judío. Después, el papa Benedicto XVI pronunció unas palabras, sobrecogido por el ambiente: «Hablar en este lugar de horror [...] es casi imposible y es particularmente difícil para un cristiano, para un Papa de Alemania».[14]

De esta manera, Benedicto XVI intentaba terminar con cualquier tipo de suspicacia que hubiera en la comunidad judía hacia él. Pero no se limitó a este acto simbólico: según declaró el gran rabino de Israel Iona Metzger, durante el papado de Benedicto XVI, las relaciones con la comunidad judía habían sido inmejorables y se había avanzado mucho en el diálogo interreligioso.[15]

El papa Francisco, al igual que con el diálogo con los musulmanes, ha puesto en su agenda como prioridad el diálogo interreligioso. En un mundo azotado por la guerra y el terrorismo con base religiosa, es normal que la Iglesia Católica intente influir para frenar este tipo de violencia.

Durante su etapa como arzobispo de Buenos Aires, Bergoglio participó en muchos actos y encuentros de unidad con otras religiones, en especial con los judíos. La Agencia de Noticias Judías de Argentina reconoció la amistad con el nuevo papa.[16] Tanto Abraham Skorka, rector del Seminario Rabínico Latinoamericano, como el rabino de la comunidad Beni Tikvá, destacaron, tras enterarse de la elección del papa argentino, el papel de este en el diálogo entre cristianos y judíos.[17]

En el año 1990, Bergoglio y el rabino Skorka escribieron el libro *Sobre el Cielo y la Tierra*, en el que se habla de las diferencias y las relaciones entre ambas comunidades. La amistad de Francisco con Skorka continúa en la actualidad. En septiembre de 2013, el rabino argentino visitó al papa en el Vaticano. Se hospedó en la residencia de Santa Marta, la misma en la que está el papa Francisco. Expresó durante aquella visita su deseo de que ambas comunidades den un mensaje de paz.[18]

Francisco y su amigo Skorka celebraron la fiesta judía del sabbat dentro del Vaticano. El rabino anunció a la prensa que espera viajar con el papa a Tierra Santa y recorrer juntos Jerusalén y Belén.[19] Ambos quieren escenificar la buena relación entre las dos comunidades en el Muro de las Lamentaciones y visitar juntos Belén, para ver el lugar de nacimiento de Jesús y reunirse con las autoridades palestinas. El viaje podría realizarse a comienzos del año 2014.

Sin embargo, las actuales relaciones del Vaticano con una rama ultraconservadora de la Iglesia Católica, la denominada de los lefebvrianos, sí ha levantado ciertas diferencias entre la Iglesia de Roma y los rabinos.

Algunas de las declaraciones del papa sobre cómo deben ser las relaciones entre judíos y cristianos han molestado a miembros conservadores de la curia. En junio de 2013, Francisco comentó ante treinta miembros de la delegación del Comité Internacional Judío para Consultas Interreligiosas, que el Concilio Vaticano II menciona la enseñanza paulina sobre Israel en cuanto a que «los dones y la llamada de Dios son irrevocables», y condena enérgicamente los sentimientos, actos y manifestaciones de antisemitismo. Sentenció: «Por nuestras raíces comunes, ¡un cristiano no puede ser antisemita!».[20]

El papa Francisco ya ha comentado que está dispuesto a abrir los archivos del Vaticano sobre el periodo de persecución de los judíos. Este gesto también preocupa a muchos[21] que no quieren que se ahonde en la actitud colaboracionista, o al menos pasiva, de Pio XII.[22]

El presidente del Consejo Pontificio para la Promoción de la Unidad de los Cristianos, el cardenal Kurt Koch, ha intentado frenar las expectativas levantadas por el papa. Además, comentó que en el diálogo interreligioso es necesario que las dos partes estén dispuestas a llegar a acuerdos y que eso no depende totalmente del papa Francisco.[23]

En la visita del pontífice a la sinagoga de Roma, tras el 70 aniversario de la deportación de los judíos romanos, declaró que el recuerdo de las víctimas del Holocausto debe estar siempre vivo en la memoria de todos.[24]

De todos modos, la susceptibilidad entre las comunidades no va a desaparecer de la noche a la mañana, después de siglos de persecuciones y desencuentros. Por ejemplo, el rabino jefe de Roma criticó hace poco una homilía del papa Francisco sobre el libro de Hechos, en la que se hablaba de los judíos cerrados, hostiles y calumniosos a los que se tuvieron que enfrentar los apóstoles.[25]

La persecución de los cristianos en los países árabes, la huida de muchos de ellos del norte de África, donde la inestabilidad de la zona ha favorecido su persecución, sumadas a las suspicacias del estado de Israel, que no ve con buenos ojos la protección del papa Francisco a Siria o su proximidad a la causa palestina, son algunos de los principales escollos en el avance de este diálogo interreligioso.

También ralentiza su avance el hecho de que los encuentros con otras religiones, como el hinduismo o el budismo, son muy escasos. Eso no favorece el diálogo en países como la India, donde la persecución a los cristianos es muy intensa.

Las relaciones del Vaticano con regímenes comunistas ha mejorado en los últimos años, pero hay países, como Corea del Norte o China, donde la libertad religiosa está prohibida o es muy limitada. De eso hablaremos en el próximo capítulo.

En un mundo globalizado, el diálogo interreligioso es una necesidad. De otra manera, los problemas entre las comunidades pueden crecer, fomentados en parte por grupos extremistas, como ya está sucediendo en algunos países.

Aún recuerdo esa conversación con jóvenes musulmanes que buscaban puntos de encuentro entre sus creencias y las de la Biblia. Representan un tímido ejemplo de que un diálogo es posible, pero que nunca será fácil ni fructífero si no ponemos todos de nuestra parte.

En España, considerada por muchos el país de las tres religiones, durante siglos hubo una relativa convivencia entre judíos, musulmanes y cristianos. La tolerancia no fue perfecta y estuvo presidida por la separación de las comunidades, pero es necesaria una reflexión sobre este tema para atajar posibles problemas en el futuro y llegar a un mayor respeto entre las tres religiones.

CAPÍTULO 12

El papa de los políticos

—¿Y la política?

—¿Por qué me lo pregunta? Ya le he dicho que la Iglesia
no se ocupará de política.

—FRANCISCO, entrevista para La Repubblica[1]

Apenas había terminado de comer un sándwich en el *hall* del hotel en el que me hospedaba en Los Ángeles, California, cuando atendía por teléfono una nueva entrevista para una prestigiosa revista de la ciudad. En la conversación se mezclaban temas de política, economía, religión e historia. La Iglesia Católica es un conglomerado de cosas distintas y es difícil tocar un tema y dejar otro de lado.

No podemos olvidar que la Iglesia Católica es un estado desde el año 1929, cuando el papa Pio XI y Benito Mussolini llegaron a un acuerdo en los famosos Pactos de Letrán.[2] Tras la unificación de Italia y la conquista de los Estados Pontificios por el rey Víctor Manuel II, el papado perdía un territorio fundado en el año 765 y que había gobernado políticamente el centro de Italia. La toma de Roma en 1870 terminó con el último dominio secular de la Iglesia Católica, pero los Pactos de Letrán le devolvieron el control político sobre la Ciudad del Vaticano.

El Estado Vaticano tiene relaciones diplomáticas con otros países y con instituciones internacionales, pero también tiene una estructura de gobierno, un minúsculo ejército y otras de las características propias de un estado.

¿Cómo encaja esto en las declaraciones del papa Francisco?

Una Iglesia Católica que quiere dejar de ser un estado

Ya comentamos al principio del libro que el nuevo papa está intentando dejar de lado todos los símbolos que le hacen mostrarse como un monarca. El trono, los ornamentos y las formas cortesanas, son aspectos que Francisco está rechazando desde su llegada a Roma, pero la realidad es que necesitará mucho más que gestos para convertir al Vaticano en el centro de una religión y no en la capital de un estado.

Los Estados Pontificios, en su momento de máxima expansión, llegaron a ocupar Bolonia, Ferrara, Urbino y la costa adriática cercana, el ducado de Perugia, el ducado de Roma y otras pequeñas ciudades. A finales del siglo XIX, tras las invasiones napoleónicas, hubo varios intentos de crear una República de Roma, y otros territorios trataron de independizarse del Vaticano, pero aún tuvieron que pasar casi setenta años para que los papas dejaran de gobernar de manera secular.

Las relaciones diplomáticas del Vaticano siempre se han caracterizado por su excelente efectividad. En muchas ocasiones han conseguido que algunos estados acepten concordatos, para tratar los problemas específicos entre la Iglesia Católica y los países.

El sistema de concordatos, que son verdaderos acuerdos de estado, tiene la categoría jurídica de tratado internacional, con lo que eso conlleva en el derecho internacional, de cara al tratamiento de esos acuerdos. El Vaticano tiene concordatos con la mayoría de los países de América Latina, como Argentina, Bolivia, Costa Rica, Colombia, Ecuador, El Salvador, Guatemala, Honduras, entre otros. También tiene este tipo de acuerdos con países europeos, como Alemania, España, Portugal, Francia, Polonia y Rusia.

El concordato, al ser un acuerdo internacional, tiene implicaciones directas con los estados con los que está firmado. En él se tratan problemas y actuaciones en materia de asistencia religiosa en diferentes ámbitos de la sociedad, también se acuerda el tratamiento a los sacerdotes o las cuantías que estos estados dan a la Iglesia Católica para su sostenimiento.

Durante los últimos años, muchos países y buena parte de la sociedad en algunos lugares de Europa han criticado la existencia de este tipo de tratados, aunque han sido escasos los estados que han anulado su acuerdo con la Santa Sede.

En muchas constituciones se habla de una separación entre Iglesia y estado, pero ambos siguen unidos en muchos asuntos.

El papa Francisco defiende la laicidad del estado

En el viaje de Francisco a Brasil se pusieron de manifiesto dos líneas de actuación del actual papa en su relación con los estados.

La primera es la petición de responsabilidad social a los países cuando actúan de manera injusta con la sociedad, en especial con los más desfavorecidos.

La segunda es la laicidad del estado, para la mejor convivencia de las diferentes religiones que hay en los países en la actualidad.

En palabras del papa Francisco: «La convivencia pacífica entre las diferentes religiones se ve beneficiada por la laicidad del Estado». La razón es que, al no asumir como propia ninguna posición confesional, un país respetará mejor la presencia del hecho religioso en la sociedad.[3]

Pero ¿qué quiere decir con el beneficio de la laicidad del estado? Laicidad, según el Diccionario de la Real Academia Española, es el principio de separación de la sociedad civil y la sociedad religiosa.[4] Esa separación implica que la Iglesia no se meta en temas políticos y que el estado no intente manipular a las iglesias o someterlas.

El término laicismo, según la Iglesia Católica, es mucho más agresivo que laicidad, ya que es una doctrina que defiende la independencia de la sociedad y el estado de cualquier organización o confesión religiosa.[5]

A muchos les sorprendieron las palabras de Francisco, ya que nunca antes un papa había defendido la separación entre Iglesia y estado. El mismo Bergoglio habla en el libro *Sobre el Cielo y la Tierra* de la diferencia que él ve entre laicismo y laicidad:

La Iglesia defiende la autonomía de las cuestiones humanas. Una sana autonomía es una sana laicidad, donde se respetan las distintas competencias. La Iglesia no va a decirles a los médicos cómo deben realizar una operación. Lo que no es bueno es el laicismo militante, el que toma una posición antitrascendental o exige que lo religioso no salga de la sacristía. La Iglesia da los valores, y ellos que hagan el resto.[6]

En sus declaraciones en Río de Janeiro, Francisco pone el énfasis de la laicidad en la convivencia entre las diferentes religiones. Un estado confesional tiende a favorecer a una comunidad frente a las otras, lo que a la larga puede suponer un enfrentamiento entre religiones.

Pero la laicidad parece entrar en contradicción con el Vaticano como estado y con las relaciones de la Iglesia Católica a través de los concordatos.

En la carta enviada por el papa al periódico *La Repubblica* también menciona la laicidad. Francisco hace referencia a que al cristiano le corresponde estar en las dos esferas, en la religiosa y en la política, pero de manera separada, articulando las palabras de Jesús, de dar «a Dios lo que es de Dios y al César lo que es del César».[7]

En la entrevista a Eugenio Scalfari, de octubre de 2013, el papa declara con respecto a la actualización política de la Iglesia Católica lo que hemos citado principio del capítulo: la Iglesia no se ocupará de política. El director de *La Repubblica* le pide que explique qué diferencia hay entre intervenir en política y llamar a los católicos a comprometerse civil y políticamente. La respuesta de Francisco es mantener la necesidad de la participación política de todos, pero distinguiendo las actividades civiles y las del campo de acción de la religión. El papa cree que los católicos pueden aportar mucho en política, pero que «la Iglesia no irá nunca más allá de expresar y defender sus valores, al menos hasta que yo esté aquí».[8]

La respuesta del papa parece aclarar que la Iglesia Católica como institución no se meterá en asuntos políticos, simplemente defenderá sus valores. Francisco reconoce que en muchos casos su institución no ha actuado de esa manera, más preocupada por lo temporal que por lo trascendente.[9]

Entonces, el papa no habla de una ruptura de los acuerdos de estado, tampoco de la pérdida de algunos privilegios materiales de la Iglesia Católica en algunos países, lo que Francisco defiende es que la Iglesia no se meta en política como institución.

Diplomacia vaticana

Ya hemos comentado que la Iglesia Católica, algunas veces como estado, otras como mediadora en conflictos militares o por la defensa de sus feligreses en muchos países, mueve sus redes diplomáticas para potenciar, frenar o cambiar planteamientos políticos.

Es muy difícil no atravesar la delgada línea roja en la que un asunto religioso pasa a ser social, económico o político. Por eso la diplomacia del Vaticano es una de las más especializadas del mundo. La tendencia del actual papa a despolitizar la Iglesia Católica no es sencilla. Muchas Conferencias Episcopales han estado posicionándose políticamente durante décadas e intentando influir en la aprobación o anulación de leyes.

El caso de la Conferencia Episcopal en España es uno de los más significativos en este enfrentamiento político con el estado, pero no es el único. Por ello, Francisco está animando al cambio y la renovación de algunos cargos en dichas conferencias.

Es curioso que el papa haya elegido como nuevo secretario de Estado a un diplomático de carrera como Pietro Parolin. Sin duda, el cambio de rumbo en este sentido también será largo, difícil y lento.

Relaciones difíciles

El Estado Vaticano no ha logrado tener relaciones permanentes con diferentes estados. Entre los más significativos están China, Corea del Norte, Laos, Birmania, Malasia, Arabia Saudita, Omán, Somalia y Mauritania. Como se ve, los países que no tienen relaciones diplomáticas con la Santa Sede son regímenes comunistas o países musulmanes.

El caso de la mala relación con China es uno de los más largos y difíciles para la diplomacia del Vaticano. El país comunista y la Santa Sede llevan algo más de sesenta años de tensas relaciones, desde que en el año 1949 Mao Zedong declarara al nuncio vaticano Antono Riberi *persona non grata* y lo mandara rumbo a Hong Kong.

Según un informe de 2006 de la Asociación Americana de Ayuda a China, se persiguió a cristianos en al menos dieciocho provincias. En el año 2007 hubo sesenta casos por cuestión de religión, pero el número de detenidos asciende en ese mismo año a 693 personas. Se calcula que ochenta y cuatro misioneros extranjeros fueron perseguidos, arrestados y deportados.[10]

El año 2011 fue especialmente difícil para los cristianos en China. En el verano de aquel año varios sacerdotes católicos fueron detenidos y sus visados anulados. Ese mismo año, el gobierno chino nombró a dos obispos no autorizados por el papa, que fueron excomulgados, algo que no sucedía desde hacía mucho tiempo. En el año 2010, la Iglesia Católica en China fue obligada a formar una especie de Conferencia Episcopal a espaldas del Vaticano.[11] El gobierno chino no acepta que la Iglesia Católica en China dependa de una sede en un país extranjero.

En la actualidad se calcula que hay unos diez millones de católicos clandestinos y cinco millones en la estructura oficial creada por el gobierno chino. Pero las cosas parece que están comenzando a cambiar. El cardenal Tong declaró en el año 2012 que las relaciones entre el Vaticano y el gobierno chino estaban mejorando.[12] Él ve con buenos ojos la propuesta del cardenal Filoni, que quiere terminar con tantos años de lejanía.

Benedicto XVI ya abrió una senda de diálogo con China, pero no ha sido fácil acercar posturas. La llegada del nuevo papa parece que está propiciando un acercamiento más estrecho. El portavoz del Ministerio de Asuntos Exteriores chino, Hong Lei, una semana más tarde de la renuncia de Benedicto XVI, comentó que, si el Vaticano rompía relaciones con Taiwán y reconocía a la isla como parte de China, Pekín reanudaría el contacto con el Vaticano.

El papa Francisco pidió en mayo de 2013 que se orara por los católicos en China.[13] Son muchos los escollos, como la detención del obispo católico en Shanghái,[14] pero en los próximos años se verá si las cosas cambian en la política sobre la religión en el gigante asiático.

La situación es mucho peor en Corea del Norte. Es muy difícil saber la cifra de cristianos en este país. El cristianismo es considerado alta traición. Algunas fuentes hablan de poco más de 40.000 católicos en el país, también de una cifra similar de católicos apresados por su fe. Otras fuentes católicas estiman que los fieles no son más de 10.000 personas. El último dato que se tiene es de 1945, cuando en el país había unos 50.000 católicos.[15]

En una de las pocas intervenciones en las que Francisco ha hablado de Corea del Norte, se pronunció para pedir la paz entre las dos Coreas. La tensión surgida en los últimos años en esa península ha puesto al borde de la guerra a los dos países. El Domingo de Resurrección de 2013, el papa habló de la guerra y del innecesario derramamiento de sangre.[16] Pidió que pudiera nacer un espíritu de reconciliación en las dos Coreas, aunque la situación ha empeorado desde la llegada al poder de Kim Jong-un, hijo del difunto dictador coreano. Francisco también habló con el secretario general de la ONU, Ban Ki-moon, sobre la situación en el país asiático,[17] cuando este le visitó en el Vaticano.

Irán es otro de los lugares donde los cristianos son perseguidos, a pesar de mantener relaciones diplomáticas con el Vaticano. El país ha tenido una larga tradición cristiana, que nace de los primeros siglos del cristianismo. En este país hay diferentes grupos cristianos. El más numeroso es la Iglesia Apostólica Armenia, con unos 300.000 miembros, seguidos por la Iglesia Asiria de Oriente, con algo más de 11.000 miembros. La tercera es la Iglesia Católica Caldea, con poco más de 2.000 fieles. También hay grupos protestantes de diferentes denominaciones.

La Revolución Iraní y la crisis con Estados Unidos propiciaron la persecución y el éxodo de miles de cristianos del país.

Los católicos en Irán son una minoría muy pequeña. Se les considera extranjeros, ya que muchos son de origen armenio y caldeo, por eso no se pueden celebrar misas ni cultos en persa, el idioma oficial del país. Tampoco se permite a los cristianos ser funcionarios ni ocupar cargos importantes en el país. Tienen alguna representación parlamentaria por ley, pero eso no les facilita mucho las cosas.[18]

El papa Benedicto XVI recibió a los miembros de la Conferencia Episcopal de Irán. Les pidió que fueran fieles a su fe a pesar de las dificultades. Sin embargo, no quiso condenar abiertamente la falta de libertad en el país.[19]

Benedicto XVI también recibió en el año 2007 al expresidente de la República Islámica de Irán, Seyyed Mohammad Khatami. En el encuentro se habló de la necesidad de un «sereno» diálogo entre culturas.[20] Las relaciones han continuado durante años, pero sin muchos avances. Este mismo papa intervino intercediendo por algunos prisioneros cristianos en Irán.

La tensión ha crecido, y también lo ha hecho el control sobre los iraníes que quieren acercarse al cristianismo, y el encarcelamiento y condena a muerte de sus líderes, como es el caso del conocido pastor Yousef Nadarkhani.[21]

El cambio de gobierno en el 2013 en Irán puede facilitar en parte un acercamiento entre la Santa Sede y ese país.

La Revolución Bolivariana

En el capítulo dedicado a América Latina ya hemos mencionado algunos detalles sobre la relación del papa Francisco con ciertos mandatarios del continente. Todos parecen muy contentos de tener un papa americano, pero las relaciones con la Iglesia Católica en algunos de esos países no han sido sencillas.

La Revolución Bolivariana es el nombre que el presidente Hugo Chávez puso a su ideología, que ha estado gobernando Venezuela desde el año 1998. El presidente Chávez defendía que su ideología estaba sustentada en la del libertador Simón Bolívar y el llamado «nuevo socialismo». El presidente Chávez pretendía aumentar la igualdad entre los ciudadanos y acabar con la oligarquía del país. Dentro de su «revolución» había una fuerte política antinorteamericana y el deseo de influir regionalmente y extender su ideología a todo el continente.

Hugo Chávez se acercó progresivamente a la dictadura comunista de Fidel Castro, a la que facilitaba petróleo a cambio de médicos y profesores para Venezuela. Además, apoyó económicamente las candidaturas de Evo Morales en Bolivia, y a Nicaragua y Ecuador.

La Iglesia Católica ha tenido una relación tensa con el estado venezolano desde el comienzo de la llamada Revolución Bolivariana. En Venezuela existe un concordato que data del año 1964. Hugo Chávez en muchos momentos alabó la Teología de la Liberación, pero criticó la actitud de los obispos, que según él se oponían a la revolución en Venezuela. Estas declaraciones las hizo a raíz de las críticas de la Conferencia Episcopal de Venezuela a la reforma constitucional que estaba realizando Chávez en ese momento y que le aseguraba casi la perpetuación en el poder.[22]

Las relaciones entre el presidente venezolano y el Vaticano fueron muy tensas. En el año 2010, Chávez amenazó a la Iglesia Católica con modificar el concordato para quitarle sus privilegios. Uno de los miembros de la Iglesia más criticados era el cardenal de Caracas Jorge Urosa Savino, miembro del Opus Dei.[23] Pero, en el año 2012, la política de Hugo Chávez dio un vuelco con respecto a la Iglesia Católica. Llamó al presidente de la Conferencia Episcopal venezolana, monseñor Diego Padrón, para celebrar una reunión con él.[24]

Benedicto XVI envió a Pietro Parolin en el año 2009 a Venezuela, para intentar negociar con el gobierno de Hugo Chávez. La tarea del nuncio no fue fácil, ya que la Conferencia Episcopal de Venezuela se enfrentó directamente en varias ocasiones al presidente Hugo Chávez, sin atender a la nueva política del Vaticano. Una de esas ocasiones fue a primeros del año 2012, cuando el cardenal Jorge Urosa pidió a Chávez que no fuera tan totalitario y que escuchara más al pueblo.[25]

El nuevo papa parece ser más del agrado del actual presidente venezolano Nicolás Maduro, quien, el día que el papa fue elegido, dijo que Hugo Chávez había influido en la elección desde el cielo, como ya hemos señalado.

Sin duda, Francisco estará muy presente en la geopolítica de América Latina, ya que el hecho de que el máximo representante de la Iglesia Católica sea latino influirá en la visión especial que el papa tiene del continente. Lo que será más difícil de cumplir, aunque él se ha comprometido a ello, es el propósito de una participación menos política, pero al mismo tiempo más social, en los estados.

La intervención del nuevo papa en los conflictos bélicos no es nueva, pero dado el vacío de poder internacional y la falta de una coalición occidental capaz de actuar de manera contundente en conflictos en los que se vulneran los derechos humanos, puede haber más lugar para el protagonismo de figuras como la del papa.

Monseñor Mario Toso, presidente de la Comisión Pontificia de Justicia y Paz, comentó en la revista italiana *Limes* que la visión de Francisco sobre el mundo no era una ficción mental, un perfeccionismo o un ideal contemplativo. Lo que el papa quiere potenciar, según monseñor Mario Toso, es la experiencia histórica de las democracias representativas y el estado social, frente al neoliberalismo imperante.[26]

Por otra parte, el columnista del *Financial Times*, David Gardner, comentó a finales del año 2013 que Francisco estaba desafiando al poder conservador.[27]

Puede que el papa se niegue a entrar en política, pero, dado que en el fondo todo lo es, una figura como él puede influir en el freno de una intervención militar o en la crítica social a los poderosos, al sistema económico imperante o a las desigualdades en muchos de los países emergentes.

Muchos se preguntan, entre ellos el mismo David Gardner,[28] cómo algunos de los miembros más conservadores de la curia, del Colegio Cardenalicio y de los poderes económicos permitieron que Bergoglio se convirtiera en papa. Sin duda, los creyentes católicos dirán que fue obra del Espíritu Santo, pero muchos integrantes de la jerarquía están preocupados por algunas declaraciones del nuevo papa y su crítica al sistema económico actual.

En la presentación en Santa Ana, al sur de la ciudad de Los Ángeles, mientras hablábamos con un grupo de personas sobre el libro *Francisco: el primer papa latinoamericano*, un joven norteamericano de origen hispano nos interpeló varias veces. Le parecía que los grandes líderes limitaban las iniciativas de la gente corriente y que los sistemas tendían a ser cerrados y a poner en las manos de unos pocos mucho poder. El joven creía que el hombre podía llegar a decidir todo en asambleas y de forma colegiada.

Discutimos durante un buen rato, mientras el brillante sol de la Costa Oeste parecía agotarse entre las vidrieras de la librería. Aquella tarde estábamos convocados para hablar de una figura como la del papa Francisco y hablamos de política, ya que todo está profundamente relacionado. Recordando aquel debate pienso en el nuevo pontífice y en la ardua tarea de controlar el vasto aglomerado de la Iglesia Católica y de intentar que la Iglesia se convierta en eso, una Iglesia y no un estado que defiende sus propios intereses frente a otros países.

CAPÍTULO 13

La esperanza del pueblo americano

La plaga del narcotráfico, que favorece la violencia y
siembra dolor y muerte, requiere un acto de valor de toda
la sociedad.

—FRANCISCO, en su discurso en el Hospital de Sao Francisco
de Assis[1]

América es un continente fascinante. En cuanto posas un pie en esa amable tierra te das cuenta de la hermosura de su naturaleza, pero también de la de su gente. No importa el país en que recales, en todos tienes asegurados el cariño y la cortesía que desprenden sus habitantes. Pero América también es un continente atrapado en la violencia, la injusticia, el narcotráfico, la trata de mujeres y la desprotección a la infancia.

El siglo XX no fue un buen siglo para América, en especial para los países latinos. Las oligarquías que habían proporcionado a los diferentes países la independencia de la metrópoli en seguida mostraron su verdadera cara. Su deseo no era crear naciones fuertes y avanzadas, países que se igualaran en lo económico a Estados Unidos, que en muchos sentidos era su modelo; su misión era someter a las grandes masas de población para poder mantener sus privilegios, acumulados durante siglos.

Fuera cual fuera el sistema político que se instaurara en América Latina, desde la dictadura de corte izquierdista de la Revolución Mexicana hasta el sistema liberal de Colombia, la desigualdad no terminaba de desaparecer totalmente.

El comienzo del siglo XX parecía ser prometedor. Mientras Europa se preparaba para la Gran Guerra y después sufría su mayor crisis económica en varias décadas, América seguía creciendo y desarrollándose, pero el reparto injusto de la riqueza, la falta de planes de alfabetización eficaces, el racismo imperante en la sociedad y la parálisis política dificultaban la creación de estados modernos y fuertes.

El nacimiento del fascismo de entreguerras también llegó a América Latina, y con él los primeros movimientos populistas que marcarían una política pendular, que duraría hasta los años noventa del pasado siglo. La Segunda Guerra Mundial enriqueció a América Latina, pero también fue una oportunidad perdida, ya que esa riqueza tampoco se repartió entre los más desfavorecidos.

El auge del comunismo tras la Segunda Guerra Mundial animó a la formación de guerrillas marxistas y a la formación de dictaduras militares, fomentadas por las oligarquías y los servicios secretos de algunos países.

Las democracias surgidas en los años noventa tampoco lograron una mínima igualdad social y reparto de las riquezas, lo que provocó que a principios del siglo XXI millones de latinoamericanos emigraran para Estados Unidos, Europa y otros lugares del mundo.

América Latina se ve ahora dividida entre el sector bolivariano, los gobiernos sociales de izquierda y de derecha, las democracias de corte liberal y la dictadura comunista de Cuba.

El siglo XXI ha nacido con grandes expectativas económicas en algunos de sus países, como Chile, Brasil, México y Perú, pero en muchas ocasiones el desgobierno, la corrupción y la violencia impiden ese desarrollo pleno del estado y la población.

América Latina frente a la corrupción

Puede que la corrupción sea uno de los temas más preocupantes de América Latina. Es un fenómeno institucionalizado y que dificulta el desarrollo económico, pero también lastra moral y éticamente a la población.

El papa Francisco se puede convertir en un referente en esta lucha contra la corrupción. En primer lugar, por poner orden primero en su casa. Prácticamente ninguna institución en América puede presentarse como modelo, para que los ciudadanos vean que es mejor vivir sin esa lacra terrible. Los cristianos deben ser referentes en ese sentido. Así, el papa Francisco pidió a los jóvenes en su visita a Brasil que fueran fuertes frente a la corrupción. Subrayó la especial sensibilidad de la juventud ante la injusticia y su frustración ante los manejos corruptos imperantes, pero les exhortó: «A ustedes y a todos les repito: nunca se desanimen, no pierdan la confianza, no dejen que la esperanza se apague».[2]

El papa también propone el cambio a un modelo que no esté basado en el amor al dinero y la ambición personal. Él lo expresa con la idea de que la civilización se ha pasado de rosca al poner al dinero en el centro de la sociedad, para que todo gire a su alrededor.[3] Ese modelo injusto y corrupto excluye a todos los que no producen o no dan algún tipo de beneficio económico.[4]

De alguna manera, Francisco quiere convertirse en el vocero de todo el continente, que ponga en evidencia las grandes desigualdades, que en muchos casos nacen de la corrupción. En su viaje a Brasil, que en cierto sentido es el laboratorio de su estrategia para América, apuntó a los políticos como uno de los problemas de América. A su llegada a ese país, el papa apoyó a los manifestantes y criticó el mal reparto de la riqueza, cosa que no gustó nada al gobierno de Dilma Rousseff. A pesar de que el Partido de los Trabajadores ha conseguido terminar con la pobreza extrema y de que el país crece económicamente, la corrupción y la desigualdad continúan siendo una lacra para Brasil.

Francisco criticó a los políticos, que ya no dan ninguna confianza a los jóvenes por su corrupción, pero también critica la incoherencia de muchos sacerdotes y prelados que no viven humildemente.[5] Las élites no están acostumbradas a que personas importantes de la jerarquía católica las cuestionen, pero mucho menos a que lo haga el propio papa.

En su discurso en la favela de Río de Janeiro fue duro contra los que producen injusticias y defraudan a los pobres.[6] Su mensaje ha calado rápidamente entre los más desfavorecidos del continente, que ven en el papa una especie de defensor de sus reivindicaciones sociales.

Una nueva teología

Algunos ven en el nuevo papa los ecos de la Teología de la Liberación, su opción preferencial por los pobres que ya defendiera Juan XXIII. Francisco, como jesuita, ha pronunciado palabras parecidas al comentar que desea una iglesia más pobre. Y es que América Latina es parte de un continente herido por la pobreza y la desigualdad, en el que a veces la vida humana no parece tener mucho valor, ya que cualquiera pude acabar con ella sin muchos miramientos.

La cercanía del papa a algunos miembros de esta conocida Teología de la Liberación, que durante más de un cuarto de siglo han estado marginados en la Iglesia Católica, está preocupando a algunos miembros de la jerarquía eclesiástica. Sin embargo, por ejemplo, Magister cree que la frase de Francisco: «Sueño con una Iglesia pobre y para los pobres» se ha confundido con las ideas de la Teología de la Liberación, cuando en realidad el papa se refiere a otra cosa.[7]

Francisco nunca ha sido seguidor de Gutiérrez, de Leonardo Boff ni de Jon Sobrino. Él entiende que la teología de los pobres no está en la lucha política o en algunas ideas socialistas en las que se sustenta. El papa cree más en el apoyo a la fe sencilla de la gente corriente y en compartir con ella el sufrimiento y el dolor.

El investigado Magister piensa que en el encuentro de Aparecida del año 2007 se dio un carpetazo definitivo a la Teología de la Liberación. Además, este carpetazo lo dio Benedicto XVI, pero con el apoyo de Bergoglio, el actual papa.

Las ideas de Francisco se sustentan en las de Clodovis Boff, teólogo que denunció que la Teología de la Liberación ponía en el centro al pobre, quitando a Dios y Jesucristo,[8] y que por eso terminaba alejándose del magisterio de la Iglesia Católica. Cuando el pobre es el centro, la Iglesia se convierte en una ONG, y el papa ya ha comentado varias veces que no quiere que la Iglesia Católica sea una ONG.

El padre Scannone, uno de los maestros de Bergoglio, ha explicado que la Teología de la Liberación tuvo varias ramas y que el actual papa estaría próximo a la de Argentina. Esta categoría nunca utilizó ideas marxistas, sino un acercamiento histórico-cultural. A esa teología la llamaron la «teología del pueblo» y no se centraba en la lucha de clases, sino más bien en el apoyo a los más desfavorecidos y en la denuncia de las injusticias.[9] Algunos de los gestos de Francisco en los primeros meses de su pontificado habría que interpretarlos de esa manera, como el hecho de llamar al pueblo «obispo» o pedir que oren por él.

Además, como ya hemos comentado brevemente, fue Bergoglio el que derrotó a los teólogos marxistas en Aparecida, Brasil, en el año 2007. Puso las bases de sus ideas en el documento que salió del encuentro de obispos de Aparecida, que dice: «Lo que nos define no son [...] los desafíos de la sociedad [...] sino ante todo el amor recibido del Padre gracias a Jesucristo...».[10]

Por eso los arzobispos más conservadores confiaron en él y los cardenales le votaron, sabiendo que no se pondría a favor de la Teología de la Liberación, pero lo que no llegaron a entender estos sectores fue el compromiso del futuro papa con las clases desfavorecidas de América.

Uno de los problemas que Francisco puede que no haya previsto es que para muchos no existen matices, de modo que, si algo suena a Teología de la Liberación, para ellos ya lo es.

Monseñor Angelo Becciu, sustituto de la Secretaría de Estado del Vaticano, afirmó que el papa nunca ha adoptado la Teología de la Liberación, pero que sí critica el sistema financiero actual por injusto. La centralidad del mensaje del papa Francisco está en Cristo.[11]

El peligro de esta posición papal está en que puede encontrarse entre dos fuegos y al final no recibir el apoyo de ninguna parte. El obispo Raúl Vera, en un reciente encuentro de Teología de la Liberación, criticó que el papa Francisco fuera tan sutil y pidió que condenara las injusticias más claramente.[12]

Pero la última pregunta, y la que se hace más acuciante, es: ¿qué puede hacer un papa contra un sistema social injusto? ¿Cómo puede influir un hombre, al fin y al cabo, para la transformación de un continente entero? ¿Puede el discurso de Francisco volverse contra él cuando se frustren muchos de sus cambios?

Algunos han apuntado, como el periodista y redactor del *Vatican Insider*, que la guerra entre el Vaticano y la Teología de la Liberación ha terminado, pero muchos otros piensan que no ha hecho sino comenzar. Este es el caso del teólogo padre Horacio Bojorge, quien cree que esa guerra teológica se ahondará mucho más. Este sacerdote además comenta que la Teología de la Liberación aún no ha corregido errores graves en algunas doctrinas.[13]

El mensaje del papa Francisco para América es claro, la jerarquía tiene que desligarse del aparato de la riqueza, aunque tenga que ser paulatinamente, pero sin dejar de hablar claro.

Los jesuitas fueron los pioneros en poner en práctica su teología en las famosas misiones jesuíticas del siglo XVII. Su experimento quedó cercenado por los reyes de España y Portugal, que estaban perdiendo una importante fuente de ingresos, pero que sobre todo temían que el modelo llegara a otras zonas de América. En el momento de mayor esplendor llegó a haber hasta veinte misiones repartidas entre Paraguay, Argentina y Brasil. Esos enclaves llegaron a gobernar en su momento de mayor esplendor a más de 140.000 guaraníes.

La tradición de los jesuitas en América siempre ha sido la propia de innovadores, aunque siempre con un halo de paternalismo. El papa Francisco tiene que cuidarse de esta postura, que puede crear dependencias y exigir más tarde voluntades, al anular la libertad, aunque sea para favorecer a los pobres.

Francisco no era bien visto dentro de los jesuitas hasta su salida de la Compañía para convertirse en arzobispo auxiliar de Buenos Aires. No le sentían como uno de los suyos; de hecho, cuando viajaba a Roma nunca dormía en las casas de su orden.[14] Los jesuitas no consideraban que Bergoglio fuera realmente progresista, y los conservadores le ven como alguien demasiado liberal. Aunque, en cierto sentido, el papa únicamente quiere decir lo que piensa.

La libertad de Francisco puede costarle cara. Aunque ahora todos los dirigentes políticos de Latinoamérica le alaben, ¿qué harán cuando comience a criticar sus decisiones, como pasó en Argentina?

Los cardenales vieron en él a un hombre estratégico, que frenaría el crecimiento evangélico en el continente, que llevaría algo de frescura al mensaje de la Iglesia Católica en el mundo, que cambiaría la tónica de una Iglesia en retirada y plegada sobre sí misma; pero, al mismo tiempo, no pudieron medir que, para hacer todo eso, primero tenía que ordenar su casa, el Vaticano, echar a aquellos que se han aprovechado de la Iglesia Católica para hacer sus negocios, acercarse a los pobres y romper las rígidas normas del protocolo.

América Latina está viviendo una nueva época de oro, pero corre el riesgo de que esa riqueza y esa bonanza económica no lleguen a todos. El continente sigue buscando su propio modelo de crecimiento, su forma de integrarse en el mundo globalizado, pero hasta ahora muchos se están quedando en el camino.

Algo parecido está sucediendo en otros lugares, como Europa o Estados Unidos. Es triste ver los campamentos de los sin techo en el mismo Manhattan, viviendo junto al río, cuando a pocas manzanas se encuentran las fortunas más grandes del mundo. Mientras recorría en taxi el norte de la isla, no podía dejar de pensar que el papa Francisco tiene una tarea ingente, demasiado grande para un único hombre y una sola vida.

CAPÍTULO 14

El papa frente a los temas sociales

El dinero y los demás medios políticos y económicos deben servir y no regir.

—Fragmento de la carta dirigida al primer ministro David Cameron[1]

El aeropuerto de la ciudad de Atlanta es un vasto conglomerado de terminales que comunican los Estados Unidos entre sí, pero también este país con el mundo y especialmente con América Latina.

En mi último día de estancia en Estados Unidos pasé varias horas recorriendo los pasillos de aquella especie de sociedad en miniatura. Podías ver a gente de todas culturas y religiones, clases sociales y oficios, aunque aquel minúsculo universo tenía una apariencia de orden que no existe en el mundo real.

El siglo XXI y el tercer milenio de la era cristiana no comenzaron con buen pie. El atentado contra las Torres Gemelas, la guerra contra el terrorismo y el sentimiento de inseguridad que todo eso produjo aumentaron aun más la desconfianza entre las culturas. La crisis económica de principios del siglo XXI en América Latina y después la crisis bursátil del año 2007 golpearon duramente a un mundo en el que las ideologías políticas se habían hundido y la brújula moral hacía tiempo que no funcionaba.

Las preocupaciones sociales en muchos países son el paro, la inseguridad, la corrupción, la educación o la sanidad, pero a estas hay que añadir los temas sociales de la violencia de género contra las mujeres, la droga y los problemas que genera, la emigración, la mala percepción de la política o la desestructuración en las familias.

Los ciudadanos tienen tal número de asuntos preocupantes en la cabeza que hasta hace poco miraban con cierta indiferencia a la religión, porque, en lugar de que esta se convirtiera en una fuente de tranquilidad y paz, parecía ser otra de las cosas que marchaban mal, salpicada de problemas y escándalos.

Sin embargo, el mayor problema entre la Iglesia Católica y la sociedad en general es también un problema de comunicación. Este no es exclusivo de la Iglesia Católica, ya que otras iglesias protestantes, aun más las de mayor antigüedad, están sufriendo un proceso parecido. Mientras que la Iglesia se defendía de críticas y ataques externos, la sociedad parecía separarse más de ella. La llegada de Francisco parece haber cambiado esa tendencia.

Ya hemos comentado que uno de los rasgos del nuevo papa es la forma directa y clara de expresar sus ideas, pero también lo es que hable de temas que preocupan a la gente corriente.

El papa Francisco y los «¡atletas del espíritu!»

Durante siglos, la Iglesia Católica se ha centrado en el sacerdocio como la forma de gobernar la Iglesia, expandirla y adoctrinarla. Aunque el Concilio Vaticano II intentó terminar con esa tendencia, tanto Juan Pablo II como Benedicto XVI se mantuvieron en una línea más conservadora y cercana al periodo preconciliar.

La carrera cristiana es larga y el papa la define como una del espíritu, tal vez parafraseando al Nuevo Testamento, que habló de la carrera de la fe en su carta a los Hebreos.[2]

Algunos movimientos, como la Renovación Carismática, fueron controlados dentro de la Iglesia Católica y únicamente se abrió el apostolado a los que parecían más cercanos a esa visión más conservadora de la sociedad. Uno de esos caminos favorecidos fue el Neocatecumenal, pero este movimiento, al igual que otros, como los dirigidos por el Opus Dei o los Legionarios de Cristo, se centraba en la gente de clase media y clase media alta. Este descuido de las clases más humildes se notó en una gran pérdida de fieles en América Latina, Estados Unidos y Europa, aunque las misiones católicas en Asia y África continuaran creciendo. Muchos de esos católicos que abandonaban la Iglesia se convertían en no practicantes, pero otros muchos se adherían a movimientos evangélicos o se confesaban ateos o agnósticos. Esto no lo digo yo, el mismo Francisco hizo referencia a ello en su viaje a Río de Janeiro en julio de 2013.[3]

¿Cómo piensa el papa cambiar esta tendencia?

En primer lugar, dando ejemplo. No denunciando únicamente el mal que hay fuera de la Iglesia Católica, mientras se ignora o esconde el mal que hay dentro.[4] Él sabe que a muchos no les gusta que se airee el mal que está dentro de la Iglesia de Roma, porque creen que eso debilita la imagen de la institución, pero el papa piensa justo lo contrario. Quiere convertir la Iglesia en un referente moral. En ese sentido, el nuevo papa está cambiando el epicentro del discurso de la Iglesia Católica.

La Iglesia se ha centrado en los últimos lustros en una lucha moralista contra el matrimonio homosexual, la adopción por parte de parejas homosexuales o el aborto, pero ha descuidado la denuncia de la injusticia y de la pobreza, el cuidado pastoral y una teología hacia los que están fuera.

Me gustan las palabras del teólogo protestante Bonhoeffer cuando dijo:

> La iglesia sólo es iglesia cuando existe para los demás. Para empezar, debe dar a los indigentes todo cuanto posee [...] La iglesia ha de colaborar en las tareas profanas de la vida social humana, no dominando, sino ayudando y sirviendo. Ha de manifestar a los hombres de todas las profesiones lo que es una vida con Cristo, lo que significa «ser para los demás».[5]

Las palabras del teólogo alemán Bonhoeffer no pueden ser más oportunas para el tema del que estamos hablando. La Iglesia tiene que existir para los de fuera y no centrarse únicamente en los problemas y las realidades de dentro. Ella tiene que servir, no dominar, y debe poner en el centro de su mensaje a Cristo. La filosofía del nuevo papa se parece, en cierto sentido, a la de Bonhoeffer.

La cercanía de Francisco está facilitando que mucha gente que estaba apartada de la Iglesia Católica regrese, pero al mismo tiempo pone el listón muy alto y puede producir un efecto bumerán.

Para el nuevo pontífice, ser papa consiste en tener proyectos grandes y llevarlos a cabo actuando sobre cosas mínimas.[6] Por eso no cree que sea una pérdida de tiempo que alguien tan ocupado levante un teléfono y llame a un feligrés de cualquier lado del mundo, ya que es consciente de que ese pequeño gesto tiene un efecto multiplicador y que, por él, mucha gente se siente acompañada.

El acercamiento de Francisco a los temas sociales que preocupan en la sociedad moderna no está pensado ni realizado de cualquier manera. Él mismo lo explica en la entrevista concedida a *Razón y Fe,* y llama a esa capacidad para decir las cosas oportunas en el momento oportuno «discernimiento». Según el papa, a la hora decir algo o tomar una decisión, nunca se conforma con la primera idea que pasa por su mente. Espera un tiempo antes de responder a una realidad social o a un problema acuciante.[7]

La crítica al sistema económico de nuestro tiempo

Las críticas del papa al actual sistema comercial han sido una de las prioridades de su pontificado. El mundo atraviesa una de las mayores crisis de su historia y es normal que la Iglesia Católica tenga algo que decir al respecto.

Por un lado, como ya hemos comentado, la desigualdad y el reparto poco equitativo de la riqueza lastran a los llamados países emergentes. En el otro plato de la balanza se encuentran los países desarrollados, que con sus recortes están asfixiando el sistema de bienestar y empobreciendo a buena parte de su población.

Desde el comienzo de su pontificado, Francisco ha criticado el capitalismo salvaje que empobrece a muchos para favorecer a unos pocos.[8] Este discurso no es nuevo, Benedicto XVI también criticaba el reparto injusto de la riqueza, pero sus palabras eran más medidas y discretas.[9] El actual papa lo dice y expresa como lo siente la gente de la calle. Se atreve a poner apellidos al capitalismo, al concretar su crítica no al capitalismo en general, sino al liberalismo en particular y a la llamada «dictadura del dinero».

En un discurso de recepción de embajadores, les recordó que la mayoría de la población mundial sigue viviendo en condiciones precarias, que «la alegría de vivir se va apagando; la falta de respeto y la violencia aumentan [...] Hay que luchar para vivir, y a menudo [...] sin dignidad».[10] Añade que una de las causas de ese negro panorama es la relación que las personas y sociedades hemos establecido con el dinero, aceptando que este sea el que domine.

Y ahonda más en esta opinión. Para él, el error radica en que muchos piensan que el mercado no debe regularse y que se debe permitir todo tipo de especulación financiera. Francisco niega el derecho de control por parte de los mercados; estos tienen la obligación de velar por el bien común.[11] Con ello no se quiere decir que el papa tenga una filosofía de izquierda; esta visión está más bien enraizada en su pensamiento aristotélico-tomista, por la cual el dinero es un medio y nunca un fin en sí mismo.[12]

Además, el amor al dinero termina por afectar a la propia familia, que se enfrenta a causa de él. El dinero se convierte en negativo cuando únicamente sirve para atesorarse y se convierte en codicia.[13]

Cómo tratar los temas que más separan a la gente de la Iglesia Católica

Francisco quiere transmitir un mensaje positivo de la Iglesia. El cardenal Ravasi comentaba en una rueda de prensa que el nuevo papa está consiguiendo atraer la atención de todos, también de los no creyentes. Su mensaje, según Ravasi, de aligerar la curia romana, de internacionalizar la Iglesia y descentrarla de Europa e Italia, y de controlar de cerca las finanzas del IOR (Instituto para las Obras de Religión) está calando en los no creyentes.[14]

Por eso, desde la Iglesia Católica se está fomentando el llamado «Atrio de los Gentiles», actos dirigidos a los no católicos que se celebran por todo el mundo, para abrir el debate sobre temas sociales y culturales.

El eslogan que intenta transmitir el papa en este sentido es: «Hace falta leer la realidad en clave espiritual para entender a la Iglesia».[15]

Francisco es consciente de que sus mensajes viajan a gran velocidad y enseguida influyen en los demás, por ello valora la utilización de Twitter o Facebook, y por eso se centra en afilar bien sus ideas, para conseguir penetrar en la mente de los oyentes en un lenguaje que entiendan.

¿Qué consigue esta forma de actuar?

Lo que consigue Francisco con esta forma de expresarse y actuar es que los colectivos excluidos no se sientan atacados, bajen la guardia y puedan acudir a la Iglesia Católica para recibir ayuda espiritual.

En el mismo sentido, el papa abre la puerta a las mujeres solteras con niños, a los divorciados y a otros colectivos que hasta este momento eran rechazados por la Iglesia Católica.

Sin embargo, la gran pregunta aún no resuelta en esta primera fase del pontificado de Francisco es: ¿logrará el papa cambiar la forma de pensar de gran parte de la jerarquía y la curia?

Si se queda solo en sus intentos de cambio, lo único que conseguirá será frustrar las expectativas de millones de personas que confían en él. El papa del «fin del mundo» parece dispuesto a luchar hasta su último aliento para cambiar la Iglesia Católica, por eso pide a los católicos que recen por él.

La sociedad necesita guías para caminar en la dirección correcta. Dentro de un aeropuerto como el de Atlanta, hay muchas personas que te orientan hasta que llegas al avión que te devolverá a casa. Personas que están en sus puestos para servirte y guiarte. En la vida real, las cosas no son tan sencillas, pero qué bueno es cuando de forma inesperada alguien te indica el camino.

Conclusión

Hoy, después de varios meses, muchas de las preguntas que me planteaban los medios de comunicación en mi gira por Estados Unidos para promocionar mi libro *Francisco: el primer papa latinoamericano* ya tienen respuesta, pero este libro abre otras nuevas incógnitas que únicamente el tiempo y la historia resolverán. Entre las nuevas incógnitas están algunas de las que hemos descrito en este libro y otras que surgirán a lo largo de este nuevo pontificado.

Sin duda, lo primero que hemos observado todos es una nueva actitud. Esta no es suficiente para que las cosas cambien a tu alrededor, pero sin ella es imposible que una organización dé un giro de 180 grados. En cierto sentido, el papa Francisco sí ha conseguido cambiar muchos aspectos en poco tiempo.

Humildad y cercanía

Lo primero que Francisco ha cambiado es el estilo. La manera de expresar las doctrinas y creencias de la Iglesia Católica. Un estilo que, aunque es suave en la forma, a veces impregnado de sentido del humor y de ironía, siempre se centra en lo que quiere decir o comunicar. El estilo del papa es firme en el contenido. No ha cambiado muchas de las ideas de la Iglesia, pero tanto dentro como fuera de la institución se percibe que su mensaje es contundente y, aunque abierto al diálogo, expone de manera clara su pensamiento.

Francisco ha cuidado las formas externas, que son tan importantes en un mundo de la imagen como el nuestro. El boato y el ceremonial complejo y distante, las vestimentas costosas y ostentosas, han dejado paso a la sencillez y la sobriedad. Pero también ha pretendido deshacerse de los símbolos de poder temporal de los papas. Que la gente comience a percibir que ya no es el representante de un estado, sino el líder de una religión.

Sensibilidad y apuesta por los pobres

La cercanía de Francisco a sus feligreses es evidente. Ya hemos hablado de los mensajes directos del papa a personas que sufren, de sus llamadas telefónicas o sus visitas a lugares con alta carga simbólica, como las favelas de Río de Janeiro, el centro de refugiados en la isla de Lampedusa en Italia, el centro de drogadictos en Brasil o el de menores delincuentes. En todos estos lugares se puso al nivel de la gente e intentó hablar en un lenguaje que entendiesen. Eso muestra la gran sensibilidad del nuevo papa, una cualidad muy importante para empatizar con las personas y que noten esa cercanía.

Dentro de ese cambio de estilo del nuevo pontífice también está su apuesta decidida por los más desfavorecidos. Desde Juan XXIII, ningún papa había puesto tanto énfasis en las desigualdades económicas, en la injusticia social o en el robo de dignidad que supone el paro para las personas.

Sin duda, las formas y el estilo son importantes, pero Francisco tenía que cambiar ciertas cosas dentro de la Iglesia Católica que ponían en evidencia las incongruencias entre lo que ella representa y lo que realmente es.

Dentro de las reformas internas, una de las más acuciantes afectaba a los cambios dentro de la curia Romana. Los escándalos económicos, los ocultamientos de ciertos delitos y los papeles personales de Benedicto XVI filtrados hacían necesarios importantes cambios internos. Francisco podía haberse conformado con realizar simples cambios cosméticos de cara al exterior, pero su actuación ha estado definida por tres ejes: la transparencia, el control y la contundencia.

La transparencia

La Iglesia Católica y, en especial, el Banco Vaticano o IOR, necesitaban ser más transparentes. La adecuación del Banco Vaticano a la normativa internacional, la publicación de sus cuentas y una legislación más dura contra el blanqueo de capitales o las estafas, han acercado al IOR a los criterios legales de las instituciones seculares. Además, el papa ha colaborado con la justicia en los recientes casos de escándalo económico y ha sustituido a importantes cargos del IOR.

No obstante, aún queda un cambio de mayor calado en el Banco Vaticano: su función y papel en el futuro. Algunos han pedido su desaparición y otros su conversión en una verdadera gestora de los bienes de la Iglesia Católica, que contribuya a las obras de caridad.

Para que el mensaje de Francisco acerca de la austeridad y la cercanía a los pobres termine de ser creíble, el papa tiene que tomar una decisión clara a este respecto.

Control

La curia es una forma de gobierno muy compleja y excesivamente enfocada en la administración del Estado Vaticano. El papa quiere desestatalizar a la Iglesia Católica.

La Secretaría de Estado, una de las instancias más importantes dentro de la curia y que hasta este momento estaba dirigida por Tarcisio Bertone, cardenal salpicado por los escándalos de Vatileaks, está sufriendo una lenta transformación. En primer lugar, por el cambio del responsable, sustituido por Pietro Parolin, pero sobre todo por el deseo del nuevo pontífice de convertir la Secretaría de Estado en una secretaría del papa, sin las connotaciones políticas.

Francisco también quiere internacionalizar los dicasterios de la curia romana y simplificarlos, además de aligerar a las congregaciones y a los consejos pontificios. Una de sus primeras medidas fue bajar los sueldos de los altos funcionarios de la curia. Por otro lado, el papa ha denominado a la corte vaticana como la «lepra» de la Iglesia. Su intención es terminar con los cortesanos que viven a la sombra del pontífice.

La creación de un comité de ocho cardenales que están proponiendo cambios en la institución, así como la investigación en las cuentas para un mayor control y racionalización son también medidas en ese sentido.

Contundencia

Las transformaciones en la curia y en los ámbitos administrativos no son suficientes y será un proceso lento, pero el papa parece contundente y claro en su deseo de que la administración y la jerarquía cambien. Francisco desea que los representantes de la Iglesia Católica adopten medidas parecidas en sus diócesis y en las diferentes Conferencias Episcopales, por eso está propiciando nuevos presidentes, nuncios y cargos eclesiásticos.

En esta segunda etapa veremos cambios significativos de puestos en las Conferencias Episcopales de los países más reacios al nuevo giro de la Iglesia Católica, como son los casos de España, Portugal e Italia.

Con respecto a la nueva estrategia del papa, esta se sustenta sobre el pilar básico del diálogo. Este es para él la manera de acercarse a la sociedad y a los feligreses. Debe ser abierto, sincero y directo. Como todo diálogo, tiene que realizarse a dos bandas, y por ello, el papa Francisco quiere que los laicos, los teólogos y el resto de la sociedad también sean escuchados.

Estrategia de no confrontación

Entre sus gestos está el acercamiento a los teólogos de la Liberación, dar más protagonismo a los laicos y no plantear los temas morales con enfrentamientos y condenas, sino más bien tratar el tema pastoral de cada individuo.

Eso no significa que dentro del propio seno de la Iglesia Católica muchos no estén de acuerdo con el tono, el mensaje y el enfoque que Francisco quiere transmitir. Algunos incluso han comentado que la Iglesia que el papa presenta es muy atractiva para los de afuera, pero puede que moleste a los fieles que se han mantenido dentro y que prefieren un estilo más conservador y moralista.

La procedencia latina del nuevo papa tiene sus puntos fuertes y débiles. Pone de manifiesto el final de la preponderancia europeísta dentro de la Iglesia Católica y de la fuerza de las iglesias periféricas, pero muchos creen que desacraliza y vulgariza la expresión católica de la fe.

Las formas y la expresividad de Francisco no gustan a todos, algunos han acusado al papa de quitar la belleza litúrgica y desmitificar demasiado su figura. Ciertos grupos más conservadores se sienten fuera del discurso y la nueva dirección de la Iglesia Católica; de forma individual ha habido críticas directas y las primeras salidas de medios de comunicación católicos de personas contrarias al nuevo pontífice.

Los nuevos sacerdotes

Temas como el celibato, el papel de la mujer en la Iglesia Católica o el involucrar a los laicos en el apostolado de la misma han estado desde el primer momento en la agenda del papa.

A pesar de la polémica de algunas de las declaraciones de Francisco y del nuevo secretario de Estado, los cambios en el celibato no parecen próximos. Algunos hablan de décadas antes de que se puedan plantear de forma precisa. El papa tiene la potestad de cambiar normas eclesiásticas, pero sabe que un cambio brusco en este sentido podría producir un cisma dentro de la Iglesia Católica.

El papel de la mujer en la Iglesia de Roma, en especial en los lugares de toma de decisión, parece otro de los proyectos del nuevo papa. Aunque se verán avances en este sentido, el sacerdocio femenino será otro de los cambios a muy largo plazo.

Lo que plantean estos cambios tan lentos es que, a no ser que la fuerza y tirón del nuevo papa lo impidan, la baja de muchos párrocos por sus deseos de casarse y la falta de vocaciones continuarán, con lo que eso supone para la Iglesia Católica.

El mensaje para los de afuera

El diálogo interreligioso y confesional es otro de los objetivos del nuevo papa, que cree que no se ha avanzado suficiente en este camino desde el Concilio Vaticano II. El diálogo con ortodoxos, reformados y anglicanos continuará en aumento, aunque no se ve una inminente unión entre ninguna confesión y la católica.

El difícil equilibrio de fuerzas políticas y religiosas en los países árabes es otro de los importantes temas de este pontificado. El papa Francisco intentará aumentar el debate y el diálogo con judíos y musulmanes, para terminar con la persecución de católicos en los países árabes y con el conflicto entre palestinos e israelíes.

En cuanto a las nuevas relaciones con los regímenes comunistas donde se hostiga a los católicos, el encuentro con las autoridades comunistas en China parece más próximo, pero en Corea del Norte las relaciones están totalmente rotas.

La crítica política y la promesa de Francisco de que la Iglesia Católica que él dirige no apoyará directamente a ningún gobierno o ideología parece muy difícil de cumplir. Su petición de estados laicos, en los que no se proteja ni privilegie a ninguna religión, choca con el sistema de concordatos que favorecen a la Iglesia Católica frente a otras religiones en muchos países.

América

La situación de los países americanos, aunque mucho mejor que hace años, no termina de conseguir un reparto más equitativo de la riqueza. Un papa americano puede contribuir a desarrollar un diálogo más cercano entre gobernantes y gobernados, pero también surgirán momentos de tensión y disonancias.

Bergoglio ya ejerció un ministerio de denuncia permanente durante su arzobispado de Buenos Aires, lo que levantó barreras con los políticos y en ocasiones un verdadero enfrentamiento.

El crecimiento de los evangélicos en América es otro de los retos del nuevo pontífice. Ha llamado a los católicos a reconquistarlos para su Iglesia, pero mucho tendría que cambiar la dinámica de los últimos cincuenta años para que este crecimiento cesara. Dentro del mundo evangélico se ve mayoritariamente con recelo al nuevo papa.

Francisco ha apostado por centrarse en los problemas que preocupan a la gente, alejando el foco mediático de los propios problemas que tiene la Iglesia Católica y de la condena moral a los comportamientos que salen fuera de su doctrina.

El nuevo papa está comenzando una revolución pacífica dentro de la Iglesia Católica. Algunos de los pasos realizados hasta este momento han cambiado la faz y las estructuras anquilosadas de una Iglesia que está entrando poco a poco en el siglo XXI. Como todas las revoluciones, los cambios radicales siempre corren el riesgo de destruir estructuras y formas, sin conseguir que se consoliden otras nuevas, por eso es necesario que los católicos apoyen el nuevo rumbo de la Iglesia y asuman la nueva realidad. Las revoluciones desde arriba nunca han funcionado; al fin y al cabo, la Iglesia Cristiana no es una estructura o una jerarquía, sino el conjunto de fieles que confiesan a Cristo a lo largo y ancho del mundo.

Cronología de un papado

13 de marzo de 2013. Elegido papa, sucesor de Benedicto XVI.

19 de marzo. Preside la misa solemne de inicio de pontificado en la basílica de San Pedro.

7 de abril. Toma posesión de la cátedra de obispo de Roma en la catedral de San Juan de Letrán.

8 de abril. Primera audiencia papal a un líder protestante, el presidente de la Iglesia Evangélica en Alemania (EKD), Nikolaus Schneider.

9 de abril. Recibe al secretario general de la ONU, Ban Ki-moon, con quien analiza la «grave emergencia humanitaria» en Siria y la situación en la península coreana.

10 de abril. Recibe al presidente y a los integrantes del equipo de fútbol argentino San Lorenzo de Almagro, del que el papa es socio.

13 de abril. En su primer mes de pontificado, Francisco crea un grupo de ocho cardenales para la reforma de la curia romana.

15 de abril. Recibe al presidente del gobierno español, Mariano Rajoy.

19 de abril. Recibe al presidente de Ecuador, Rafael Correa.

22 de abril. Desbloquea el proceso de beatificación del arzobispo de San Salvador, Óscar Arnulfo Romero.

24 de abril. Recibe a las Abuelas de Plaza de Mayo.

30 de abril. Recibe al presidente de Israel, Simón Peres, con quien aborda la situación en Oriente Medio y en Siria. Nombra al sacerdote español José Granados consultor de la Congregación para la Doctrina de la Fe.

2 de mayo. Recibe al papa emérito Benedicto XVI. Es la segunda vez que se ven, tras la del 23 de marzo, cuando Francisco almorzó en Castel Gandolfo con Ratzinger.

10 de mayo. Recibe al patriarca copto Teodoro II, con el que aboga por la unidad de los cristianos, cuarenta años después de la histórica visita al Vaticano de Shenouda III.

12 de mayo. Primeras canonizaciones de su pontificado: la monja colombiana Laura Montoya y Upegui (1874–1949), la mexicana Guadalupe García Zavala, «madre Lupita» (1878–1963), y 800 mártires italianos asesinados en 1480 por los otomanos.

13 de mayo. Recibe al presidente colombiano, Juan Manuel Santos, al que insta a proseguir las negociaciones de paz en su país.

18 de mayo. Recibe a la canciller alemana, Ángela Merkel, de confesión luterana, y con quien abordó el impacto sociopolítico y económico de la crisis.

23 de mayo. Recibe al presidente salvadoreño, Mauricio Funes, con el que habla de la figura del arzobispo asesinado en 1980, Óscar Arnulfo Romero, en proceso de beatificación.

27 de mayo. Recibe al cardenal Velasio De Paolis, «comisario» encargado de sanear la congregación Legión de Cristo, fundada por el sacerdote mexicano Marcial Maciel (1920–2008), castigado por Benedicto XVI por abusos sexuales.

1 de junio. Recibe al presidente uruguayo, José Mújica, al que calificó de «hombre sabio» y quien pidió mediación papal para la paz en Colombia.

13 de junio. Anuncia la publicación próximamente de la encíclica sobre la fe que dejó inacabada su antecesor Benedicto XVI y que él está finalizando.

17 de junio. Recibe al presidente venezolano, Nicolás Maduro, con el que habla de la situación sociopolítica del país, de la pobreza, la criminalidad y el narcotráfico.

20 de junio. Se cumplen 100 días de su pontificado. El papa Francisco ha tenido una buena acogida por los medios de comunicación y la sociedad en general gracias a su mensaje sencillo y su lenguaje actual.

26 de junio. Se anuncia la creación de una comisión para investigar el Instituto para las Obras de Religión (IOR). La comisión estará integrada por ocho miembros y presidida por el cardenal Raffaele Farina.

5 de julio. Se presenta la primera encíclica del papa Francisco, titulada *Lumen Fidei*. La encíclica fue comenzada por Benedicto XVI y terminada por Francisco. El papa firma los decretos para la canonización de Juan Pablo II y Juan XXIII. Francisco tiene un encuentro con Benedicto XVI.

9 de julio. Visita del papa a la isla de Lampedusa. Allí celebra una misa con los inmigrantes africanos que el gobierno italiano recoge de los barcos que llegan a la isla. Francisco pronuncia un mensaje crítico contra la actitud de Occidente ante el drama de la inmigración.

11 de julio. El papa firma el primer *motu proprio*, para actualizar el código penal del Vaticano, que no ha sido apenas modificado desde el año 1929, con el llamado código penal del Tratado de Letrán.

22 de julio. Llegada de Francisco a Río de Janeiro, Brasil, para presidir la Jornada Mundial de la Juventud. Primer acto con las autoridades brasileñas.

24 de julio. Encuentro ante la Virgen de Aparecida, en el Estado de Sao Paulo, donde oficia misa ante unas 200.000 personas. Por la tarde visita el hospital de San Francisco de Asís, en Río de Janeiro, en el que hay exadictos al *crack* y al alcohol.

25 de julio. Celebra una misa con 300 seminaristas y sacerdotes. Realiza una visita a la alcaldía de Río de Janeiro. Visita de Francisco a la favela Varginha, uno de los barrios más pobres de Brasil. Por la tarde, en la catedral de Río, se reúne con los jóvenes argentinos. Por la noche participa en la ceremonia de bienvenida de la JMJ.

26 de julio. El papa hace el *via crucis* con jóvenes de la JMJ.

27 de julio. Se celebra vigilia de oración en la que participan unos tres millones de personas.

28 de julio. Misa de la Jornada en las playas de Copacabana, donde se reúnen tres millones de fieles. A la celebración asisten miembros del gobierno brasileño, con la presencia de Dilma Rousseff a la cabeza y otros mandatarios de diferentes países. Francisco se reúne con el comité coordinador del CELAM (Consejo Episcopal Latinoamericano).

29 de julio. El papa regresa a Roma. En el avión concede una rueda de prensa en la que habla de no juzgar a los homosexuales y de cambiar el énfasis de la Iglesia Católica a temas centrados en la fe.

1 de septiembre. Francisco expresó durante el *Ángelus* en la plaza de San Pedro que la amenaza de la guerra podía desatarse en cualquier momento sobre Siria. Pidió a la comunidad internacional que hiciera todo esfuerzo para promover iniciativas claras para la paz.

6 de septiembre. El vaticanista Sandro Magister dice que Francisco se opone a la Teología de la Liberación.

13 de septiembre. El papa responde a un comentario del director del periódico *La Repubblica* sobre su primera encíclica *Lumen Fidei*.

13 de septiembre. El nuevo secretario de Estado, Pietro Parolin, desmiente que el papa esté pensando abolir el celibato.

19 de septiembre. Francisco concede una entrevista al director de *La Civiltà Cattolica*, Antonio Spadaro.

22 de septiembre. Visita pastoral a Cagliari. En la ciudad se encontró con trabajadores. Después celebró una misa. Se reunió con los pobres atendidos por la catedral y tuvo dos eventos, uno con los intelectuales y otro con los jóvenes de la ciudad.

1 de octubre. Se publica la entrevista del papa al periódico *La Repubblica*, realizada por Eugenio Scalfari.

4 de octubre. Visita pastoral a Asís. En la ciudad de San Francisco tuvo varios encuentros importantes: uno con discapacitados, otro con los pobres atendidos por Cáritas. También se reunió con el clero, con las monjas de clausura y con los jóvenes en la plaza de la basílica de Santa María.

21 de octubre. El papa Francisco ofrece a los luteranos diálogo y conversación para caminar hacia la comunión.

Las mejores frases del primer año de pontificado del papa Francisco

Primeras palabras del papa Francisco: «Una Iglesia pobre y para los pobres».
16 de marzo

«Cómo me gustaría una Iglesia pobre y para los pobres», dijo el papa durante la misa diaria en la capilla de Santa Marta.[1]

En el primer encuentro con la prensa tras el cónclave, en el aula Pablo VI del Vaticano, Francisco confiesa frente a unos 6.000 periodistas: «Cuando los votos llegaron a los dos tercios [...] él [el arzobispo emérito de Sao Paulo] me abrazó y me besó y me dijo: "¡No te olvides de los pobres!"».[2]

El papel de la Iglesia: «... no puede ser la niñera de los cristianos».
17 de abril

«La Iglesia deja de ser madre, se convierte en una niñera [...] Es una Iglesia en estado latente», dijo el papa en la misa en la capilla de Santa Marta.[3]

«Hace falta ser fieles al Espíritu para anunciar a Jesús con nuestra vida, con nuestro testimonio y con nuestras palabras», avisó Francisco.[4]

Para los sacerdotes: «Sean pastores, no funcionarios; sean mediadores, no intermediarios».

21 de abril

En la primera misa de Domingo de Pascua como papa, en la que se celebraron las ordenaciones sacerdotales: «Ejerzan con alegría y caridad sincera la obra sacerdotal de Cristo [...] Sean pastores, no funcionarios. Sean mediadores, no intermediarios».[5]

Sobre las monjas: «... madres espirituales y no solteronas».

8 de mayo

Durante la asamblea plenaria de la Unión Internacional de Superioras Generales (UISG), a la que asistieron 800 religiosas, Francisco habló sobre la castidad y el papel de las religiosas. «Pero por favor, una castidad fecunda [...] que genere hijos espirituales en la Iglesia. La consagrada es madre, tiene que ser madre y no solterona».[6]

Advertencia para sacerdotes y obispos: pastores, no «lobos rapaces».

15 de mayo

Durante la misa diaria en la capilla de Santa Marta, pidió a los fieles que rezaran para que los obispos y sacerdotes no cedieran a la tentación del dinero y la vanidad, sino que estuvieran al servicio del pueblo de Dios y fueran pastores, no «lobos rapaces».[7]

Los problemas que acarrea el dinero: «Cuánto daño hace la vida cómoda».

12 de mayo

En la ceremonia de canonización de la colombiana Laura Montoya y la mexicana madre Lupita, el papa comentó las enseñanzas de la primera: «Nos enseña a vencer la indiferencia y el individualismo [...] Cuánto daño hace la vida cómoda, el bienestar; el aburguesamiento del corazón nos paraliza».[8]

Para ser cristiano: «Hay cristianos de salón que no saben hacer hijos para la Iglesia».

16 de mayo

Durante la misa que celebró con el cardenal Peter Turkson y monseñor Mario Toso, Francisco criticó a los fieles que se fijan en las apariencias y formalidades: «Hay cristianos de salón, los educados, tan buenos, pero no saben hacer hijos para la Iglesia con el anuncio del Señor...».[9]

«No podemos ser cristianos por instantes. Busquemos vivir nuestra fe en cada momento, cada día», comentó el papa Francisco en Twitter en su cuenta @Pontifex.[10]

Desperdicio de alimentos: «Tirar alimentos es robarlos».

5 de junio

«Los alimentos que se tiran a la basura son alimentos que se roban de la mesa del pobre, del que tiene hambre», comentó durante la Jornada Mundial del Medio Ambiente.[11]

Problemas dentro del Vaticano: «Se habla del "lobby gay", y es verdad».

6 de junio

«En la curia hay gente santa [...] Pero también hay una corriente de corrupción [...] Se habla del "lobby gay", y es verdad, está ahí», comentó en un encuentro con los directivos de la Confederación Latinoamericana y Caribeña de Religiosas y Religiosos (CLAR).[12]

El uso correcto del dinero: «Debe servir y no regir».

16 de junio

El papa envió una carta al primer ministro británico David Cameron con motivo de la reunión del G8, en la que señaló que las graves dificultades económicas que afronta el mundo «requieren un cambio valiente de actitudes [...] El dinero y los demás medios políticos y económicos deben servir y no regir».[13]

A mediados de mayo habló de la crisis financiera global, señalando que pone de manifiesto «sus deformidades y, especialmente, la grave carencia de su perspectiva antropológica, que reduce al hombre solamente a una de sus exigencias: el consumo».[14]

El laicismo del estado: «El estado laico no tiene por qué ser enemigo de la Iglesia».

27 de julio

Durante el encuentro con las clases dirigentes de Brasil, Francisco comentó sobre las relaciones entre Iglesia y estado que la laicidad de un país beneficia a la convivencia entre sus diferentes religiones, porque «sin asumir como propia ninguna posición confesional, respeta y valora la presencia del factor religioso en la sociedad».[15]

Sobre la homosexualidad: «¿Quién soy yo para juzgarla?».

29 de julio

Durante la entrevista concedida a los periodistas en el vuelo de regreso a Roma tras la JMJ de Brasil, el papa habló sobre los gays, y, en el contexto de personas homosexuales que no practican ese estilo de vida, comentó: «Si una persona es gay y busca al Señor y tiene buena voluntad, ¿quién soy yo para juzgarla?».[16]

El informe Vatileaks: «Es un problema grande, pero no me he asustado».

29 de julio

En la misma rueda de prensa en el avión de regreso a Roma, ante la pregunta sobre el informe Vatileaks y si este le había asustado, el papa Francisco contestó que Benedicto XVI le había hecho entrega de todo el dossier, que parecía conocer casi de memoria, y que «es un problema grande, pero no me he asustado».[17]

Con respecto a los evangélicos: «... Renovación Carismática no sólo sirve para evitar que algunos pasen a los pentecostales».

19 de julio

El decrecimiento de los católicos en Brasil y el aumento de los evangélicos fue tratado en varias ocasiones durante el viaje de Francisco a Brasil, pero el papa se limitó a decir a los periodistas que el movimiento de la «Renovación Carismática no sólo sirve para evitar que algunos pasen a los pentecostales, sino que sirven a la Iglesia misma, que se renueva».[18]

Sobre la corte vaticana: «La corte es la lepra del papado».

1 de octubre

En la entrevista concedida al periódico *La Repubblica,* realizada por el director Eugenio Scalfari, hablando del nepotismo que ha existido dentro de la Iglesia comentó: «La corte es la lepra del papado».[19]

También se manifestó en contra del clericalismo y afirmó: «El clericalismo no tiene nada que ver con el cristianismo».[20]

Al hablar del papel de la mujer en la Iglesia: «Sufro si las veo como servidumbre».

13 de octubre

En referencia al papel de la mujer en la Iglesia, criticó que en muchas organizaciones su rol se reduce a la servidumbre. Por eso comentó: «... sufro, y os digo la verdad, cuando veo que hacen cosas de servidumbre y no de servicio».[21]

Bibliografía

Blanco Sarto, Pablo. *Benedicto XVI: el papa alemán*. Barcelona: Planeta, 2011 (digital).

Bergoglio, Jorge Mario. *Carta Encíclica* Lumen Fidei *Sobre la Fe*. Madrid: Palabra, 2013.

Cornwell, John. *El papa de Hitler*. Barcelona: Planeta, 2000.

De Loyola, San Ignacio. *Autobiografía* (texto recogido por P. Luis Gonçalves da Camara entre 1553 y 1555). Ed. por El Aleph, 1999 (digital).

Difonzo, Luigi, y Michele Sindona. *El banquero de San Pedro*. Barcelona: Planeta, 1984.

Frattini, Eric. *La Santa Alianza*. Madrid: Espasa, 2006.

_____. *Los cuervos del Vaticano*. Madrid: Espasa, 2012.

Fulop-Miller, René. *Les Jesuites et le secret de leur puissance*. París: Lib. Plon, 1933.

García-Villoslada, Ricardo. *Historia de la Iglesia en España* (III-1°). Madrid: BAC, 1979.

Gómez Borrero, Paloma. *De Benedicto a Francisco*. Barcelona: Planeta, 2013.

Guissani, Luigi. *El sentido de Dios y el hombre moderno*. Madrid: Encuentro, 2005.

Hebblethwaite, Peter. *Pablo VI, el primer papa moderno*. Buenos Aires: Vergara, 1993.

Himitian, Evangelina. *Francisco: el papa de la gente*. Buenos Aires: Aguilar, 2013.

Lugones, Leopoldo. *El imperio jesuítico*. Barcelona: Orbis, 1987.

Paris, Edmond. *La historia secreta de los jesuitas*. Ontario, CA: Chick Publications, 1975.

Puente, Armando Rubén (coordinador). *Papa Francisco: cómo piensa el nuevo pontífice*. Madrid: Letras Libres, 2013.

Nuzzi, Gianluigi. *Las cartas secretas de Benedicto XVI*. Madrid: Martínez Roca, 2012.

Rubin, Sergio, y Francesca Ambrogetti. *El jesuita*. Buenos Aires: Vergara, 2010 (digital).

Rouquette, Robert. *Saint Ignace de Loyola*. París: Albin Michel, 1944.

San Buenaventura. «La oración ante el crucifijo de San Damián», en *Leyenda mayor* (2,1). Madrid: Ars Magna, 2001.

Sharma, Robin. *El líder que no tenía cargo*. Barcelona: Random House, 2010.

Schwietert, Julie (coordinadora). *Papa Francisco en sus palabras*. Madrid: Aguilar, 2013.

Torralba, Francisco. *La Iglesia en la encrucijada*. Barcelona: Destino, 2013.

Walter, Williston. *Historia de la Iglesia cristiana*. Kansas City, MO: Casa Nazarena de Publicaciones, 1985.

Ynfante, Jesús. *Opus Dei. Así en la tierra como en el cielo*. Barcelona: Grijalbo, 1996.

Obras de Jorge Mario Bergoglio

Libros:

Meditaciones para religiosos. Buenos Aires: Diego de Torres, 1982.

Reflexiones en esperanza. Buenos Aires: Universidad del Salvador, 1992.

Diálogos entre Juan Pablo II y Fidel Castro. Buenos Aires: Ciudad Argentina, 1998.

Hambre y sed de justicia. Buenos Aires: Claretiana, 2001.

Educar: exigencia y pasión: desafíos para educadores cristianos. Buenos Aires: Claretiana, 2003.

Ponerse la patria al hombro: memoria y camino de esperanza. Buenos Aires: Claretiana, 2004.

Educar, elegir la vida. Buenos Aires: Claretiana, 2004

La nación por construir: utopía, pensamiento y compromiso: VIII Jornada de Pastoral Social. Buenos Aires: Claretiana, 2005.

Corrupción y pecado: algunas reflexiones en torno al tema de la corrupción. Buenos Aires: Claretiana, 2005.

Seminario: las deudas sociales de nuestro tiempo: la deuda social según la doctrina de la iglesia. Buenos Aires: EPOCA-USAL, 2009.

Bergoglio, Jorge Mario, y Abraham Skorka. *Sobre el Cielo y la Tierra*. Buenos Aires: Sudamericana, 2010.

Nosotros como ciudadanos, nosotros como pueblo: hacia un bicentenario en justicia y solidaridad 2010–2016. Buenos Aires: Claretiana, 2011.

Artículos:

«20 años después. Una memoriosa relectura del Documento "Historia y Cambio"». *Signos Universitarios: Revista de la Universidad del Salvador* 26. Buenos Aires: USAL, 1994, pp. 9–20.

«La vida sagrada y su misión en la Iglesia y en el mundo». Buenos Aires: Pontificia Universidad Católica Argentina, Facultad de Teología, 1995 (http://dialnet. unirioja.es/servlet/oaiart?codigo=2489810).

«El camino hacia el futuro. Llevando consigo la memoria de las raíces». *Humanitas* 47: pp. 468–83. Santiago de Chile: PUC de Chile, 2007 (http://www.humanitas.cl/web/index.php?option=com_content&view=article&id=2188&catid=212).

Prólogos:

Castiñeira de Dios, José María. *El santito Ceferino Namuncurá: relato en verso.* Buenos Aires: Lumen, 2007.

Carriquiry Lecour, Guzmán. *El bicentenario de la independencia de los países latinoamericanos: ayer y hoy.* Madrid: Encuentro, 2012.

Colaboraciones:

Ecclesia Catholica, Edward Michael Egan y Jorge Mario Bergoglio. *Episcopus minister Evangelii Iesu Christi propter spem mundi: relatio post disceptationem.* E Civitate Vaticana: [s. n.], 2001.

VVAA. *Rosario: Preghiera prediletta.* Roma: Nova Itinera, 2003.

Notas

Introducción

1. El título de la versión en inglés es *Francis: Man of Prayer* (Nashville: Thomas Nelson, 2013).
2. Eusebio Val, «Francesca, consejera del Papa», *La Vanguardia*, 27 julio 2013, http://www.lavanguardia.com/internacional/20130721/54377716605/francesca-consejera-papa.html.
3. Discurso del papa Francisco en la isla de Lampedusa (8 julio 2013), http://www.vatican.va/holy_father/francesco/homilies/2013/documents/papa-francesco_20130708_omelia-lampedusa_sp.html.
4. «Los discursos, mensajes y oraciones del Papa Francisco en la JMJ Río 2013 en PDF», *Ecclesia Digital*, PDF, p. 20, http://www.revistaecclesia.com/los-discursos-mensajes-y-oraciones-del-papa-francisco-en-la-jmj-rio-2013-en-pdf/.

Capítulo 1: El papa humilde

1. Holly Yan, «Cinco cosas que debes saber sobre el papa Francisco», 14 marzo 2013, http://mexico.cnn.com/mundo/2013/03/14/cinco-cosas-que-debes-saber-sobre-el-papa-francisco.
2. César Vidal, *Pontífices* (Madrid: Península, 2007), pp. 20–21.
3. Paolo Mastrolilli, «Jorge está en contra de los regímenes y fue culpa del fascismo que nuestro padre emigrara», *Vatican Insider*, 17 marzo 2013, http://vaticaninsider.lastampa.it/es/reportajes-y-entrevistas/dettagliospain/articolo/francesco-francis-francisco-23307.
4. Robin Sharma, *El líder que no tenía cargo* (Barcelona: Random House Mondadori, 2010), libro digital, pos 855.
5. Irene Hernández Velasco, «No nos dejemos llevar por el pesimismo que nos ofrece el diablo», *El Mundo*, 15 marzo 2013, http://www.elmundo.es/elmundo/2013/03/15/internacional/1363347831.html.
6. S. Pedro Damián, *Epistulae*, libro 1, 20 (1073), citado en Carol M. Richardson, *Reclaiming Rome: Cardinals in the Fifteenth Century* (Leiden: Brill, 2009), p. 124.
7. Juan Arias, «Esto va a pegar fuego, señor periodista», *El País*, 17 marzo 2013, http://blogs.elpais.com/vientos-de-brasil/2013/03/esto-va-a-pegar-fuego-se%C3%B1or-periodista.html.
8. Irene Hernández Velasco, «El papa Francisco renuncia a vivir en el lujoso apartamento pontificio», *El Mundo*, 26 marzo 2013, http://www.elmundo.es/elmundo/2013/03/26/internacional/1364303918.html.
9. Mastrolilli, «Jorge está en contra de los regímenes y fue culpa del fascismo que nuestro padre emigrara».

10. Reuters, «Un papamóvil austero para el papa Francisco», *La Vanguardia*, 13 septiembre 2013, http://www.lavanguardia.com/vida/20130913/54382412259/papamovil-austero-papa-francisco.html.
11. Juan Vicente Boo, «El papa Francisco revisa el garaje del Vaticano para detectar coches de lujo», *Finanzas*, 13 julio 2013, http://www.finanzas.com/noticias-001/sociedad /20130713/papa-francisco-revisa-garaje-2404403.html.
12. William Shakespeare, *Macbeth*, cita de Duncan, acto I, escena II.
13. P. Antonio Spadaro, «Entrevista exclusiva: Papa Francisco: "Busquemos ser una Iglesia nueva que encuentra caminos nuevos"», *Razón y Fe*, p. 3, http://ep00.epimg.net/ descargables/2013/09/19/70db745cdd5e187f5e34545c8ac67bcd.pdf.
14. Romanos 3.23.
15. Spadaro, «Entrevista exclusiva», *Razón y Fe*, p. 3.
16. «El escudo de papa Francisco», http://www.vatican.va/holy_father/francesco/ elezione/stemma-papa-francesco_sp.html.
17. Spadaro, «Entrevista exclusiva», *Razón y Fe*, p. 3.
18. Ibíd.
19. Según se cita en Robin Sharma, *El líder que no tenía cargo*, pos. 37.
20. Filipenses 2.3.

Capítulo 2: El papa cercano

1. Soraya Melguizo, «Hola, soy el Papa Francisco, tuteémonos», *El Mundo*, 28 agosto 2013, http://www.elmundo.es/elmundo/2013/08/28/internacional/1377697232.html.
2. Ibíd.
3. ACIDIGITAL, IBLNEWS, «El Papa Francisco llama por teléfono a un italiano para consolarlo por el homicidio de su hermano», *IBL News*, 9 agosto 2013, http://iblnews. com/story/78579.
4. EFE, «El papa Francisco lava los pies a doce presos», *ABC*, 30 marzo 2013, http:// www.abc.es/sociedad/20130328/abci-papa-francisco-lava-pies-201303281915.html.
5. Ibíd.
6. Oscar Laski, «Lo que predica, lo cumple», *El Nuevo Diario*, 16 marzo 2013, http:// www.elnuevodiario.com.ni/benedicto-xvi/280714.
7. ACI, «Discurso del Papa Francisco en la favela de Varginha, Manginhos», *Aciprensa*, 25 julio 2013, texto y video completos, http://www.aciprensa.com/noticias/ texto-completo-discurso-del-papa-francisco-en-la-favela-pacificada-de-varginha-manginhos-90195.
8. ACI/EWTN Noticias, «Papa Francisco cuenta por qué no deja a otra persona llevar su maletín negro», *Aciprensa*, 30 julio 2013, http://www.aciprensa.com/noticias/ papa-francisco-cuenta-por-que-no-deja-a-otra-persona-llevar-su-maletin-negro-57114.

Capítulo 3: El papa sensible

1. Ignacio Boulin, «Francisco. El hombre sensible de Flores que es Papa», *Australis* 140, http://www.austral.edu.ar/australis/2013/04/04/francisco-el-hombre-sensible-de -flores-que-es-papa.
2. «"Es una vergüenza" dijo el papa Francisco», *Clarín*, 3 octubre 2013, http://www. clarin.com/mundo/lampedusa-papa-verguenza_0_1004299822.html.
3. ACI/EWTN Noticias, «Francisco envía emotiva carta a músico preso por tragedia donde murieron 194 personas», *Aciprensa*, 15 julio 2013, http://www.aciprensa.com/ noticias/francisco-envia-emotiva-carta-a-musico-preso-por-tragedia-donde -murieron-194-personas-38051.
4. ACI, «El papa llama a una mujer italiana que pensó abortar y le ofrece bautizar a su bebé», *Aciprensa*, 6 septiembre 2013, http://www.aciprensa.com/noticias/el-papa-llama -a-mujer-italiana-que-penso-abortar-y-le-ofrece-bautizar-a-su-bebe-35727.
5. Darío Menor, «Transcripción íntegra de la entrevista del papa Francisco en el avión de Brasil a Roma», *Vida Nueva*, 31 julio 2013, http://www.vidanueva.es/2013/07/31/

transcripcion-completa-de-la-entrevista-del-papa-francisco-en-el-avion-de-brasil-a-roma.
6. Mateo 7.2.
7. Juan 8.11.
8. Dan Merica, «El papa Francisco "abre las puertas del cielo" para los ateos», CNN México, 26 mayo 2013, http://mexico.cnn.com/salud/2013/05/26/el-papa-francisco-abre-las -puertas-del-cielo-para-los-ateos.
9. ACI, «Carta del Papa Francisco al director del diario italiano La Repubblica», *Aciprensa,* 13 septiembre 2013, http://www.aciprensa.com/noticias/texto-completo-carta-del -papa-francisco-al-director-del-diario-italiano-la-repubblica-48727.
10. Papa Francisco, citado por Eugenio Scalfari en «Papa Francesco a Scalfari: così cambierò la Chiesa "Giovani senza lavoro, uno dei mali del mondo"», *La Repubblica,* 1 octubre 2013, http://www.repubblica.it/cultura/2013/10/01/news/papa_francesco_a _scalfari_cos_cambier_la_chiesa-67630792/?ref=search. Disponible en español, «Entrevista del Papa con Scalfari», *Religión Digital,* 1 octubre 2013, http://www.periodistadigital.com/religion/vaticano/2013/10/01/entrevista-del-papa-con-scalfari-iglesia-religion-francisco-dios-jesus-jesuitas.shtml.
A pesar de que el Observatore Romano y la página web del Vaticano publicaron la entrevista en un principio, ante la polémica suscitada al calificar a la Corte Vaticana como la lepra de la Iglesia, decidieron quitar dicha información. El director del diario italiano *La Repubblica,* Eugenio Scalfari, reconoció que no grabó la entrevista ni tomó apuntes y que, por ende, algunas de las palabras utilizadas no fueron textuales, pero aseguró que su significado e idea general sí lo eran; además, aseguró que el papa Francisco mismo aprobó el texto antes de publicarse. Para más información sobre la controversia, ver ACI, «Scalfari admite que adjudicó al Papa Francisco palabras que no dijo en entrevista con *La Repubblica*», 22 noviembre 2013, http://www.aciprensa.com/ noticias/scalfari-admite-que-adjudico-al-papa-francisco-palabras-que-no-dijo-en-entrevista-con-la-repubblica-11980/#.UpF0ZNKsiSp.
11. Ibíd. Ver la nota 10 del capítulo 3.

Capítulo 4: El papa de los pobres

1. ACI/EWTN Noticias, «Papa Francisco "La caridad que deja a los pobres tal y como están no es suficiente"», *Aciprensa,* 23 septiembre 2013, http://www.aciprensa.com/ noticias/papa-francisco-la-caridad-que-deja-a-los-pobres-tal-y-como-estan -no-es-suficiente-43220.
2. «Porque siempre tendréis pobres con vosotros, pero a mí no siempre me tendréis» (Mateo 26.11).
3. ACI/EWTN Noticias, «El Papa Francisco invita a 200 mendigos a cenar en el Vaticano», *Aciprensa,* 3 julio 2013, http://www.aciprensa.com/noticias/el-papa -francisco-invita-a-200-mendigos-a-cenar-en-el-vaticano-50751.
4. Elisabetta Piqué, «El papa Francisco, en Asís: "La Iglesia debe despojarse de un peligro gravísimo, el de la mundanidad"», *La Nación,* 4 octubre 2013, http://www.lanacion.com.ar/1625856-historica-visita-del-papa-francisco-a-asis-la-ciudad-del-santo -de-los-pobres.
5. Ibíd.
6. «Papa Francisco "La caridad que deja a los pobres"», *Aciprensa.*
7. Ibíd.
8. «¡Vamos ahora, ricos! Llorad y aullad por las miserias que os vendrán. Vuestras riquezas están podridas, y vuestras ropas están comidas de polilla. Vuestro oro y plata están enmohecidos; y su moho testificará contra vosotros, y devorará del todo vuestras carnes como fuego. Habéis acumulado tesoros para los días postreros. He aquí, clama el jornal de los obreros que han cosechado vuestras tierras, el cual por engaño no les ha sido pagado por vosotros; y los clamores de los que habían segado han entrado en los oídos del Señor de los ejércitos. Habéis vivido en deleites sobre la tierra, y sido disolutos; habéis engordado vuestros corazones como en día de matanza. Habéis condenado y dado muerte al justo, y él no os hace resistencia» (Santiago 5.1–6).

9. Zenit.org, «Francisco: "Quiero una Iglesia pobre y para los pobres"», *Zenit*, 16 marzo 2013, http://www.zenit.org/es/articles/francisco-quiero-una-iglesia-pobre-y-para-los-pobres.

10. Noa de la Torre, «Los jesuitas españoles bromean con un posible atentado al Papa Francisco», *El Mundo*, 4 octubre 2013, http://www.elmundo.es/elmundo/2013/10/04/valencia/1380882765.html.

11. Reuters, «El papa critica al "Dios del dinero"», *CNN Expansión*, 22 septiembre 2013, http://www.cnnexpansion.com/economia/2013/09/22/el-papa-critica-al-dios-del-dinero.

12. Ibíd.

13. «Brasil, el país donde más se incrementan los millonarios», *El Economista*, 20 junio 2012, http://eleconomista.com.mx/economia-global/2012/06/20/brasil-pais-donde-mas-se-incrementan-millonarios.

14. «La paradoja de España: más ricos y sueldos más bajos», *Economía Digital*, 9 octubre 2013, http://www.economiadigital.es/es/notices/2013/10/la_paradoja_de_espana_mas_ricos_y_sueldos_mas_bajos_46146.php.

15. «Los multimillonarios de EEUU son más ricos que nunca, según "Forbes"», *El Mundo*, 16 septiembre 2013, http://www.elmundo.es/america/2013/09/16/estados_unidos/1379351347.html.

Capítulo 5: Cambios en la curia

1. Pablo Ordaz, «Los cuervos del Vaticano devoran a Tarcisio Bertone», *El País*, 7 septiembre 2013, http://internacional.elpais.com/internacional/2013/09/07/actualidad/1378577338_481656.html.

2. «En el ejercicio supremo, pleno e inmediato de su poder sobre toda la Iglesia, el Romano Pontífice se sirve de los dicasterios de la Curia Romana, que, en consecuencia, realizan su labor en su nombre y bajo su autoridad, para bien de las Iglesias y servicio de los sagrados pastores», Decreto *Christus Dominus*, http://www.vatican.va/archive/hist_councils/ii_vatican_council/documents/vat-ii_decree_19651028_christus-dominus_sp.html.

3. Gianluigi Nuzzi, *Las cartas secretas de Benedicto XVI* (Madrid: Martínez Roca, 2012).

4. Benedicto XVI, «Appello» final, solo en italiano, en la Audiencia del 30 de mayo de 2012, http://www.vatican.va/holy_father/benedict_xvi/audiences/2012/documents/hf_ben-xvi_aud_20120530_it.html.

5. P. Antonio Spadaro, «Entrevista exclusiva: Papa Francisco: "Busquemos ser una Iglesia nueva que encuentra caminos nuevos"», *Razón y Fe*, p. 10, http://ep00.epimg.net/descargables/2013/09/19/70db745cdd5e187f5e34545c8ac67bcd.pdf.

6. Papa Francisco, citado por Eugenio Scalfari en «Papa Francesco a Scalfari: così cambierò la Chiesa "Giovani senza lavoro, uno dei mali del mondo"», *La Repubblica*, 1 octubre 2013, http://www.repubblica.it/cultura/2013/10/01/news/papa_francesco_a_scalfari_cos_cambier_la_chiesa-67630792/?ref=search. Disponible en español, «Entrevista del Papa con Scalfari», *Religión Digital*, 1 octubre 2013, http://www.periodistadigital.com/religion/vaticano/2013/10/01/entrevista-del-papa-con-scalfari-iglesia-religion-francisco-dios-jesus-jesuitas.shtml. Ver la nota 10 del capítulo 3.

7. Ibíd. p. 3. Ver la nota 10 del capítulo 3.

8. Ibíd. p. 7. Ver la nota 10 del capítulo 3.

9. Pablo Ordaz, «Francisco reúne al "G-8" para decidir el nuevo gobierno de la Iglesia», *El País*, 1 octubre 2013, http://sociedad.elpais.com/sociedad/2013/09/30/actualidad/1380568416_017939.html.

10. «Francisco habla del vatileaks, escándalos en la Iglesia y la curia en entrevista para tv», *Los Blogs de Religión en Libertad*, 29 julio 2013, http://www.religionenlibertad.com/articulo.asp?idarticulo=30461.

11. ACI/EWTN Noticias, «El Papa y Consejo de Cardenales plantean nueva constitución para la Curia», *Aciprensa*, 3 octubre 2013, http://www.aciprensa.com/noticias/vaticano-el-papa-y-consejo-de-cardenales-plantean-nueva-constitucion-para-la-curia-21166.

12. ACI, «El Papa y consejo de cardenales profundizan en el Vaticano II al tratar reforma de la Curia», *Aciprensa*, 2 octubre 2013, http://www.aciprensa.com/noticias/el-papa

-y-consejo-de-cardenales-profundizan-en-el-vaticano-ii-al-tratar-reforma-de-la-curia-95005.

13. ACI/EWTN Noticias, «El Papa nombra a Mons. Pietro Parolin nuevo Secretario de Estado del Vaticano», *Aciprensa*, 31 agosto 2013, http://www.aciprensa.com/noticias/el-papa-nombra-a-mons-pietro-parolin-nuevo-secretario-de-estado-del-vaticano-58563.

14. ACI/EWTN Noticias, «Mons. Parolin: El Papa Francisco está en continuidad con sus predecesores», *Aciprensa*, 12 septiembre 2013, http://www.aciprensa.com/noticias/mons-parolin-el-papa-francisco-esta-en-continuidad-con-sus-predecesores-41526.

Capítulo 6: Cambios en la estrategia

1. «Conferencia de prensa del Santo Padre Francisco durante el vuelo de regreso a Roma», 28 julio 2013, http://www.vatican.va/holy_father/francesco/speeches/2013/july/documents/papa-francesco_20130728_gmg-conferenza-stampa_sp.html.

2. Papa Francisco, citado por Eugenio Scalfari en «Papa Francesco a Scalfari: così cambierò la Chiesa "Giovani senza lavoro, uno dei mali del mondo"», *La Repubblica*, 1 octubre 2013, http://www.repubblica.it/cultura/2013/10/01/news/papa_francesco_a_scalfari _cos_cambier_la_chiesa-67630792/?ref=search. Disponible en español, «Entrevista del Papa con Scalfari», *Religión Digital*, 1 octubre 2013, http://www.periodistadigital.com/religion/vaticano/2013/10/01/entrevista-del-papa-con-scalfari-iglesia-religion-francisco-dios-jesus-jesuitas.shtml. Ver la nota 10 del capítulo 3.

3. P. Antonio Spadaro, «Entrevista exclusiva: Papa Francisco: "Busquemos ser una Iglesia nueva que encuentra caminos nuevos"», *Razón y Fe*, p. 8, http://ep00.epimg.net/descargables/2013/09/19/70db745cdd5e187f5e34545c8ac67bcd.pdf.

4. ACI/EWTN Noticias, «Cultura de diálogo y Nueva Evangelización: Intenciones del Papa para junio», *Aciprensa*, 29 mayo 2013, http://www.aciprensa.com/noticias/cultura-de-dialogo-y-nueva-evangelizacion-intenciones-del-papa-para-junio-99784.

5. Eusebio Val, «Francesca, consejera del Papa», *La Vanguardia*, 27 julio 2013, http://www.lavanguardia.com/internacional/20130721/54377716605/francesca-consejera-papa.html.

6. Pablo Ordaz, «El Papa endurece las penas contra la pederastia y el blanqueo de dinero», *El País*, 11 julio 2013, http://internacional.elpais.com/internacional/2013/07/11/actualidad/1373542728_716551.html.

7. Pablo Ordaz, «El Papa somete al banco vaticano a una ley de control y transparencia», *El País*, 9 octubre 2013, http://internacional.elpais.com/internacional/2013/10/09/actualidad/1381339844_713234.html.

8. EFE, «El Papa defiende el papel de la mujer en la Iglesia: "Sufro si las veo como servidumbre"», *El Mundo*, 13 octubre 2013, http://www.elmundo.es/elmundo/2013/10/12/internacional/1381578778.html.

9. Spadaro, «Entrevista exclusiva», p. 11.

Capítulo 7: Conflictos internos

1. Papa Francisco, citado por Eugenio Scalfari en «Papa Francesco a Scalfari: così cambierò la Chiesa "Giovani senza lavoro, uno dei mali del mondo"», *La Repubblica*, 1 octubre 2013, http://www.repubblica.it/cultura/2013/10/01/news/papa_francesco _a_scalfari_cos_cambier_la_chiesa-67630792/?ref=search. Disponible en español, «Entrevista del Papa con Scalfari», *Religión Digital*, 1 octubre 2013, http://www.periodistadigital.com/religion/vaticano/2013/10/01/entrevista-del-papa-con-scalfari-iglesia-religion-francisco-dios-jesus-jesuitas.shtml. Ver la nota 10 del capítulo 3.

2. P. Antonio Spadaro, «Entrevista exclusiva: Papa Francisco: "Busquemos ser una Iglesia nueva que encuentra caminos nuevos"», *Razón y Fe*, p. 9, http://ep00.epimg.net/descargables/2013/09/19/70db745cdd5e187f5e34545c8ac67bcd.pdf.

3. EFE, «Una radio católica despide a dos periodistas por criticar al Papa», *La Opinión*, 11 octubre 2013, http://www.laopinioncoruna.es/mundo/2013/10/11/radio-catolica-despide-periodistas-criticas/771458.html.

4. Juan Manuel de Prada, «Los nidos de antaño», *ABC*, 21 septiembre 2013, http://www.abc.es/cordoba/20130921/sevp-nidos-antano-20130921.html.

5. ACI/EWTN Noticias, «Mons. Munilla critica a prensa que distorsionó el mensaje del Papa en entrevista», *Aciprensa*, 21 septiembre 2013, http://www.aciprensa.com/noticias/mons-munilla-critica-a-prensa-que-distorsiono-el-mensaje-del-papa-en-entrevista-40918.

6. Juan G. Bedoya, «Martínez Camino: "Los católicos estamos siempre con el Papa, sea quien sea"», *El País*, 3 octubre 2013, http://sociedad.elpais.com/sociedad/2013/10/03/actualidad/1380803910_080616.html.

7. Lucia Magi, «La curia ultraconservadora se inquieta», *El País*, 4 agosto 2013, http://sociedad.elpais.com/sociedad/2013/08/03/actualidad/1375563094_028885.html.

8. Ibíd.

9. Gianluigi Nuzzi, *Las cartas secretas de Benedicto XVI* (Madrid: Martínez Roca, 2012), versión digital, pos. 334.

10. «Conferencia de prensa del Santo Padre Francisco durante el vuelo de regreso a Roma», 28 julio 2013, http://www.vatican.va/holy_father/francesco/speeches/2013/july/documents/papa-francesco_20130728_gmg-conferenza-stampa_sp.html.

11. Juan Vicente Boo, «Arrestado un monseñor del Vaticano por presunto lavado de dinero, corrupción y estafa», *ABC*, 28 junio 2013, http://www.abc.es/sociedad/20130628/abci-scarano-detenido-vaticano-201306280919.html.

12. «Battista Ricca, el prelado del Banco Vaticano bajo sospecha», *Religión Digital*, 3 julio 2013, http://www.periodistadigital.com/religion/vaticano/2013/07/03/battista-ricca-el-prelado-del-banco-vaticano-bajo-sospecha-iglesia-religion-papa-obispo-ior-francisco.shtml.

13. «Conferencia de prensa del Santo Padre Francisco durante el vuelo de regreso a Roma».

14. Pablo Ordaz, «Dimiten dos altos cargos del banco del Vaticano», *El País*, 1 julio 2013, http://internacional.elpais.com/internacional/2013/07/01/actualidad/1372703510_523831.html.

15. Juan Vicente Boo, «El Papa emprende personalmente la reforma del banco del Vaticano», *ABC*, 26 junio 2013, http://www.abc.es/sociedad/20130626/abci-papa-reforma-banco-vaticano-201306261356.html.

16. Ibíd.

17. Pablo Ordaz, «El Papa endurece las penas contra la pederastia y el blanqueo de dinero», *El País*, 11 julio 2013, http://internacional.elpais.com/internacional/2013/07/11/actualidad/1373542728_716551.html.

18. Darío Menor, «El Vaticano estrena una ley de transparencia con aval internacional», *La Razón*, 9 octubre 2013, http://www.larazon.es/detalle_normal/noticias/3904122/religion/el-vaticano-estrena-una-ley-de-transparencia.

19. «Banco del Vaticano transparenta cuentas», *CNNExpansión,* 1 octubre 2013, http://www.cnnexpansion.com/economia/2013/10/01/banco-del-vaticano-transparenta-cuentas.

20. Scalfari, «Papa Francesco a Scalfari». Ver la nota 10 del capítulo 3.

21. Francisco, citado en ibíd. Ver la nota 10 del capítulo 3.

22. Alejandro Rebossio, «Los teólogos de la liberación respaldan el inicio del papado de Francisco», *El País*, 20 marzo 2013, http://internacional.elpais.com/internacional/2013/03/20/actualidad/1363807647_041692.html.

23. Ibíd.

24. Juan Arias, «La teología de Francisco es la de Amós, más que la de Marx», *El País*, 11 abril 2013, http://internacional.elpais.com/internacional/2013/04/11/actualidad/1365635998_783394.html.

25. Ibíd.

26. Juan Arias, «El papa Francisco sopesa recibir en Brasil al gran teólogo de la liberación», *El País*, 23 julio 2013, http://internacional.elpais.com/internacional/2013/07/23/actualidad/1374579001_010086.html.

27. Francho Barón, «"Mientras viva Ratzinger, no es bueno que Francisco me reciba en Roma"», *El País*, 23 julio 2013, http://internacional.elpais.com/internacional/2013/07/23/actualidad/1374610929_091040.html.

28. Juan José Tamayo, «Ratzinger, Boff y Bergoglio», *El País*, 25 julio 2013, http://internacional.elpais.com/internacional/2013/07/25/actualidad/1374768416_528118.html.

29. Juan G. Bedoya, «Mil teólogos piden al Papa que rehabilite a los castigados por Ratzinger», *El País*, 8 septiembre 2013, http://sociedad.elpais.com/sociedad/2013/09/08/actualidad/1378670585_242867.html.

30. Juan G. Bedoya, «¿Se acerca el Vaticano a la teología de la liberación?», *El País*, 6 septiembre 2013, http://sociedad.elpais.com/sociedad/2013/09/06/actualidad/1378460161_980489.html.

31. Juan G. Bedoya, «La Teología de la Liberación respira», *El País*, 15 septiembre 2013, http://sociedad.elpais.com/sociedad/2013/09/15/actualidad/1379275901_142314.html.

32. Ibíd.

33. Ibíd.

34. Biografía de San Francisco de Asís escrita por San Buenaventura. Episodio La oración ante el Crucifijo de San Damián, *Leyenda Mayor* 2,1, http://www.franciscanos.org/fuentes/lma01.html.

Capítulo 8: Lo bueno y lo malo de ser latinoamericano

1. Evan Romero-Castillo, «"El 'amor eficaz' del Papa es típicamente latinoamericano"», *DW*, 26 julio 2013, http://www.dw.de/el-amor-eficaz-del-papa-es-t%C3%ADpicamente-latinoamericano/a-16978012.

2. Mateo 26.73.

3. P. Antonio Spadaro, «Entrevista exclusiva: Papa Francisco: "Busquemos ser una Iglesia nueva que encuentra caminos nuevos"», *Razón y Fe*, p. 3, http://ep00.epimg.net/descargables/2013/09/19/70db745cdd5e187f5e34545c8ac67bcd.pdf.

4. Ibíd., p. 27. «Rezo el Oficio todas las mañanas [...] Lo que verdaderamente prefiero es la Adoración vespertina, incluso cuando me distraigo pensando en otras cosas o cuando llego a dormirme rezando».

5. Papa Francisco, citado por Eugenio Scalfari en «Papa Francesco a Scalfari: così cambierò la Chiesa "Giovani senza lavoro, uno dei mali del mondo"», *La Repubblica*, 1 octubre 2013, http://www.repubblica.it/cultura/2013/10/01/news/papa_francesco_a_scalfari_cos_cambier_la_chiesa-67630792/?ref=search. Disponible en español, «Entrevista del Papa con Scalfari», *Religión Digital*, 1 octubre 2013, http://www.periodistadigital.com/religion/vaticano/2013/10/01/entrevista-del-papa-con-scalfari-iglesia-religion-francisco-dios-jesus-jesuitas.shtml. Ver la nota 10 del capítulo 3.

6. R. González, «"¡Tenemos Papa latinoamericano!"», *ABC*, 2 mayo 2013, http://www.abc.es/sociedad/20130313/rc-tenemos-papa-latinoamericano-201303132051.html.

7. Ibíd.

8. Ibíd.

9. Ibíd.

10. Wendy Selene Pérez, «El Papa y los Kirchner, una relación de contrarios», *CNN México*, 15 marzo 2013, http://mexico.cnn.com/mundo/2013/03/15/el-papa-y-los-kirchner-una-relacion-de-contrarios.

11. Ibíd.

12. «Un informe secreto K intentó bloquear la elección de Bergoglio», *Clarín*, 18 marzo 2013, http://www.clarin.com/mundo/secreto-intento-bloquear-eleccion-Bergoglio_0_884911660.html.

13. Juan Arias, «El Papa considera las protestas de Brasil justas y acordes con el Evangelio», *El País*, 2 julio 2013, http://internacional.elpais.com/internacional/2013/07/02/actualidad/1372724492_568310.html.

14. Pablo Ordaz, «El Papa avala la lucha de los indignados», *El País*, 25 julio 2013, http://internacional.elpais.com/internacional/2013/07/25/actualidad/1374778417_539775.html.

15. Amós 2.6–7.

16. Juan Arias, «Francisco pregunta a los 300 obispos de Brasil por qué se desangra el catolicismo», *El País*, 28 julio 2013, http://internacional.elpais.com/internacional/2013/07/28/actualidad/1375025622_139302.html.

17. Encuentro con el Episcopado brasileño, «Discurso del Santo Padre Francisco», 17 julio 2013, http://www.vatican.va/holy_father/francesco/speeches/2013/july/documents/papa-francesco_20130727_gmg-episcopato-brasile_sp.html.

18. «Conferencia de prensa del Santo Padre Francisco durante el vuelo de regreso a Roma», 28 julio 2013, http://www.vatican.va/holy_father/francesco/speeches/2013/july/documents/papa-francesco_20130728_gmg-conferenza-stampa_sp.html.

19. Ibíd.

20. Periodista Digital, «Nicolás Maduro afirma que Hugo Chávez influyó en las elecciones del papa... ¡desde el cielo!», 14 marzo 2013, http://www.periodistadigital.com/inmigrantes/gobiernos/2013/03/14/nicolas-maduro-afirma-que-hugo-chavez-influyo-en-la-eleccion-del-papa-desde-el-cielo.shtml.

21. «El papa Francisco, bolivariano y artiguista», *El Observador*, 20 agosto 2013, http://www.elobservador.com.uy/noticia/257935/el-papa-francisco-bolivariano-y-artiguista.

22. González, «"¡Tenemos Papa Latinoamericano!"».

23. AFP, «Obama, "muy impresionado" con el Papa Francisco», *ABC*, 3 octubre 2013, http://www.abc.es/internacional/20131003/abci-obama-impresionado-papa-francisco-201310030801.html.

24. Reuters, «Los católicos de EEUU respaldan el perfil de cambio del Papa», *Reuters* España, 4 octubre 2013, http://es.reuters.com/article/entertainmentNews/idESMAE99302X20131004.

Capítulo 9: El nuevo sacerdocio católico

1. Jorge Mario Bergoglio, *Sobre el Cielo y la Tierra* (Random House: Barcelona, 2011), pos. 575.

2. «Es necesario que el obispo sea irreprensible, marido de una sola mujer, sobrio, prudente, decoroso, hospedador, apto para enseñar» (1 Timoteo 3.2).

3. «Que gobierne bien su casa, que tenga a sus hijos en sujeción con toda honestidad (pues el que no sabe gobernar su propia casa, ¿cómo cuidará de la iglesia de Dios?)» (1 Timoteo 3.4–5).

4. Pablo VI, encíclica *Sacerdotalis caelibatus*, 24 junio 1967, http://www.vatican.va/holy_father/paul_vi/encyclicals/documents/hf_p-vi_enc_24061967_sacerdotalis_sp.html.

5. Juan Pablo II, Audiencia General, «La lógica de la consagración en el celibato sacerdotal», 17 julio 1993, puntos 2 y 4, http://www.vatican.va/holy_father/john_paul_ii/audiences/1993/documents/hf_jp-ii_aud_19930717_sp.html.

6. ACI/EWTN Noticias, «El Papa Francisco no está considerando acabar con el celibato sacerdotal», *Aciprensa*, 13 septiembre 2013, http://www.aciprensa.com/noticias/el-papa-francisco-no-esta-considerando-acabar-con-el-celibato-sacerdotal-48029.

7. «El cardenal O'Brien, a favor del celibato opcional», *Católicos On-line*, http://catolicos-on-line.org/index.php?option=com_content&view=article&id=1755%3Aconclave&catid=35%3Acategoria-noticias&Itemid=20.

8. «Fuerte crítica de los lefebvristas», *La Nación*, 16 octubre 2013, http://www.lanacion.com.ar/1629391-fuerte-critica-de-los-lefebvristas.

9. «El celibato es otro de los desafíos del papa Francisco», *El Nacional*, 22 abril 2013, http://www.el-nacional.com/mundo/celibato-desafios-papa-Francisco_0_176982461.html.

10. Ibíd.

11. Ibíd.

12. Nunchi Prietol, «Rouco Varela se muestra contrario a la revisión del celibato», *ABC*, 17 septiembre 2013, http://www.abc.es/local-castilla-leon/20130917/abci-rouco-varela-muestra-contrario-201309171726.html.

13. EFE, «La Conferencia Episcopal: "Al papa no se le enjuicia"», *20 Minutos*, 3 octubre 2013, http://www.20minutos.es/noticia/1937074/0/conferencia-episcopal/catolicos-estamos-papa/sea-quien-sea.

14. Javier Lozano, «El Papa llama a Roma a todos los obispos españoles antes de la renovación de la CEE», *Libertad Digital*, 17 septiembre 2013, http://www.libertaddigital.com/espana/2013-09-17/el-papa-llama-a-roma-a-todos-los-obispos-espanoles-antes-de-renovar-la -conferencia-episcopal-1276499603.

15. Spadaro, «Entrevista exclusiva», p. 17.

16. Ibíd.

17. Ibíd.

18. Ibíd.

19. Papa Francisco, citado por Eugenio Scalfari en «Papa Francesco a Scalfari: così cambierò la Chiesa "Giovani senza lavoro, uno dei mali del mondo"», *La Repubblica*, 1 octubre 2013, http://www.repubblica.it/cultura/2013/10/01/news/papa_francesco_a _scalfari_cos_cambier_la_chiesa-67630792/?ref=search. Disponible en español, «Entrevista del Papa con Scalfari», *Religión Digital*, 1 octubre 2013, http://www. periodistadigital.com/religion/vaticano/2013/10/01/entrevista-del-papa-con-scalfari-iglesia-religion-francisco-dios-jesus-jesuitas.shtml. Ver la nota 10 del capítulo 3.

20. «Conferencia de prensa del Santo Padre Francisco durante el vuelo de regreso a Roma», 28 julio 2013, http://www.vatican.va/holy_father/francesco/speeches/2013/july/documents/papa-francesco_20130728_gmg-conferenza-stampa_sp.html.

21. Ibíd.

22. Ibíd.

23. «Las mujeres más influyentes del Vaticano», *Religión en Libertad*, 28 diciembre 2009, http://www.religionenlibertad.com/articulo.asp?idarticulo=6234&mes =12&ano=2009.

24. Juan Arias, «¿Una mujer cardenal?», *El País*, 22 septiembre 2013, http://internacional. elpais.com/internacional/2013/09/22/actualidad/1379871188_970752.html.

25. Ibíd.

26. «Polemizan en El Vaticano ante posibles mujeres cardenales», *El Universal*, 26 septiembre 2013, http://www.eluniversal.com.mx/el-mundo/2013/roma-vaticano-mujeres-cardenales-953967.html.

27. ACI, «¿El Papa va a crear una mujer cardenal? El País inventó historia sin fuentes, denuncian», *Aciprensa*, 25 septiembre 2013, http://www.aciprensa.com/noticias/el-papa-va-a-crear-una-mujer-cardenal-el-pais-invento-historia-sin-fuentes-denuncian-99671.

28. ACI/EWTN Noticias, «Vaticano: No es cierto que el Papa vaya a hacer cardenal a una mujer», *Aciprensa*, 25 septiembre 2013, http://www.aciprensa.com/noticias/vaticano-no-es-cierto-que-el-papa-vaya-a-hacer-cardenal-a-una-mujer-75534.

29. ACI, «Jesuita alemán en Radio Vaticano "sueña" con cardenales mujeres», *Aciprensa*, 23 julio 2007, http://www.aciprensa.com/noticias/jesuita-aleman-en-radio-vaticano -suena-con-cardenales-mujeres.

30. Spadaro, «Entrevista exclusiva», p. 14.

31. «Francisco en Brasil», *Revista Eclesia*, julio 2013, www.revistaeclesia.com, p. 43.

32. EFE, «El papa Francisco reprende a sacerdotes por carros costosos», *LAFM*, 8 julio 2013, http://www.lafm.com.co/noticias/el-papa-francisco-reprende-141202.

33. Irene Hernández Velasco, «Papa Francisco pide a los sacerdotes que sean "pastores con olor a oveja"», *El Mundo*, 28 marzo 2013, http://www.elmundo.es/elmundo/2013/03/28/internacional/1364438890.html.

34. Fernando Beltrán, «Papa Francisco: "El demonio existe, no lo confundamos con enfermedades mentales"», *Infovaticana*, 12 octubre 2013, http://www.infovaticana.com/papa-francisco-el-demonio-existe-no-lo-confundamos-con-enfermedades -mentales.

35. Fernando Beltrán, «Papa Francisco: "¿Soy un cristiano a ratos o soy siempre cristiano?"», *Infovaticana*. 14 octubre 2013, http://www.infovaticana.com/papa-francisco-soy-un -cristiano-a-ratos-o-soy-siempre-cristiano.

36. «Papa Francisco: la Iglesia no debe ser la baby-sitter de los laicos», *Aleteia*, 17 abril 2013, http://www.aleteia.org/es/estilo-de-vida/noticias/papa-francisco-la-iglesia -no-debe-ser-la-baby-sitter-de-los-laicos-1000001.

37. Andrea Tornielli, «Francisco a los obispos y sacerdotes: no sometamos a los laicos», *Vatican Insider*, 28 julio 2013, http://vaticaninsider.lastampa.it/es/noticias/dettagliospain /articolo/26808.

38. ACI/EWTN Noticias, «El Papa: Una Iglesia encerrada en sí misma traiciona su identidad», *Aciprensa*, 16 octubre 2013, http://www.aciprensa.com/noticias/el-papa-una -iglesia-encerrada-en-si-misma-traiciona-su-identidad-36874.

Capítulo 10: Relación con otras confesiones cristianas

1. P. Antonio Spadaro, «Entrevista exclusiva: Papa Francisco: "Busquemos ser una Iglesia nueva que encuentra caminos nuevos"», *Razón y Fe*, p. 17, http://ep00.epimg.net/ descargables/2013/09/19/70db745cdd5e187f5e34545c8ac67bcd.pdf.

2. *Catecismo de la Iglesia Católica*. El santo Sínodo [...] «basado en la sagrada Escritura y en la Tradición, enseña que esta Iglesia peregrina es necesaria para la salvación. Cristo, en efecto, es el único Mediador y camino de salvación que se nos hace presente en su Cuerpo, en la Iglesia. Él, al inculcar con palabras, bien explícitas, la necesidad de la fe y del bautismo, confirmó al mismo tiempo la necesidad de la Iglesia, en la que entran los hombres por el Bautismo como por una puerta. Por eso, no podrían salvarse los que sabiendo que Dios fundó, por medio de Jesucristo, la Iglesia católica como necesaria para la salvación, sin embargo, no hubiesen querido entrar o perseverar en ella», pár 846, http://www.vatican.va/archive/catechism_sp/p123a9p3_sp.html.

3. Papa Pio XI, Encíclica *Mortalium animos*, 1928, http://www.fsspx-sudamerica.org/ mortalium.pdf.

4. «*Ut unum sint, ut unum sint*», Jutta Burggraf, *Conocerse y comprenderse: una introducción al ecumenismo* (Madrid: Rial, 2003), p. 275.

5. «Papa Francisco: "firme voluntad" de proseguir por el camino ecuménico», *Aleteia*, 26 marzo 2013, http://www.aleteia.org/es/religion/documentos/papa-francisco-firme -voluntad-de-proseguir-por-el-camino-ecumenico-660001.

6. Jesús Bastante, «Francisco quiere impulsar el ecumenismo y cambiar el rostro de la Curia romana», *Periodista Digital*, 3 abril 2013, http://www.periodistadigital.com/ religion/vida-religiosa/2013/04/03/francisco-quiere-impulsar-el-ecumenismo-y- cambiar-el-rostro-de-la-curia-romana-iglesia-franciscanos-papa-jose- rodriguez-carballo.shtml.

7. Fernando Gatti, «El papa Francisco recibirá un Martín Fierro honorífico: el motivo», *Ciudad.com*, 22 julio 2013, http://www.ciudad.com.ar/espectaculos/107777/papa -francisco-recibira-martin-fierro-honorifico-motivo.

8. Papa Francisco, citado por Eugenio Scalfari en «Papa Francesco a Scalfari: così cambierò la Chiesa "Giovani senza lavoro, uno dei mali del mondo"», *La Repubblica*, 1 octubre 2013, http://www.repubblica.it/cultura/2013/10/01/news/papa_francesco_a_ scalfari_cos_cambier_la_chiesa-67630792/?ref=search. Disponible en español, «Entrevista del Papa con Scalfari», *Religión Digital*, 1 octubre 2013, http://www. periodistadigital.com/religion/vaticano/2013/10/01/entrevista-del-papa-con- scalfari-iglesia-religion-francisco-dios-jesus-jesuitas.shtml. Ver la nota 10 del capítulo 3.

9. ACI/EWTN Noticias, «Papa reitera a líder ortodoxo siro-malankar de India compromiso por la unión de cristianos», *Aciprensa*, 5 septiembre 2013, http://www. aciprensa.com/noticias/papa-reitera-a-lider-ortodoxo-siro-malankar-de-india -compromiso-por-la-union-de-cristianos-94170.

10. «Pastores evangélicos oran con el papa Francisco en el Vaticano», *Aciprensa*, 13 junio 2013, http://www.acontecercristiano.net/2013/06/pastores-evangelicos-oran-con-el -papa.html.

11. Nínro Ruíz Peña, «Pastores argentinos entregan "palabra profética" al Papa Francisco», *Noticia Cristiana*, 11 junio 2013, http://www.noticiacristiana.com/iglesia/ecumenismo/2013/06/pastores-argentinos-entregan-palabra-profetica-al-papa-francisco.html.

12. «Argentina: Seis mil católicos y evangélicos celebran culto», *Noticias Cristianas*, 17 octubre 2012, http://www.noticiascristianas.org/argentina-seis-mil-catolicos-y-evangelicos-celebran-un-culto-ecumenico/?utm_source=twitterfeed&utm_medium=twitter.

13. «La mirada de Guillermo Prein respecto al papado de Francisco 1», Agencia de Noticias Cristianas, 5 julio 2013, http://agenciadenoticiascristianas.blogspot.com.es/2013/07/la-mirada-del-pastor-guillermo-prein.html.

14. Juan Vicente Boo, «Francisco consagra su pontificado a la Virgen de Fátima», *ABC*, 13 mayo 2013, http://www.abc.es/sociedad/20130513/abci-papa-fatima-201305101923.html.

15. «El papa Francisco le confía el mundo a María, Virgen de Fátima», *Zenit*, 13 octubre 2013, http://www.zenit.org/es/articles/el-papa-francisco-le-confia-el-mundo-a-maria-virgen-de-fatima.

16. «¿Por qué el Papa ha consagrado el mundo a la Virgen María?», *Aleteia*, 14 octubre 2013, http://www.aleteia.org/es/internacional/articulo/por-que-el-papa-ha-consagrado-el-mundo-a-la-virgen-maria-4883002.

17. «La mirada de Guillermo Prein».

18. Jarbas Aragão, «El Papa visita una iglesia de las Asambleas de Dios», *Todos juntos*, 31 julio 2013, trad. por Daniel Vergara, http://equipoecumenicosabinnanigo.blogspot.com.es/2013/07/el-papa-visita-una-iglesia-de-las.html.

Capítulo 11: Relación con musulmanes y judíos

1. Francisco, «Discurso del Santo Padre Francisco a una delegación del Comité Judío Internacional para Consultas Interreligiosas», 24 junio 2013, http://www.vatican.va/holy_father/francesco/speeches/2013/june/documents/papa-francesco_20130624_international-jewish-committee_sp.html.

2. «50 países donde se persigue a cristianos», *Corrientes misioneras*, http://corrientesmisioneras.org/noticias/79-50-paices-donde-se-persigue-a-cristianos.html.

3. ACEPRENSA, «¿Qué pensaba Juan Pablo II del islam?», *Fluvium Aceprensa*, http://www.fluvium.org/textos/iglesia/igl504.htm.

4. ACI, «Musulmanes reconocen a Juan Pablo II como personaje más importante del siglo XX», 28 abril 2011, http://www.aciprensa.com/noticias/musulmanes-reconocen-a-juan-pablo-ii-como-personaje-m-s-importante-del-siglo-xx.

5. Concilio Vaticano II, «Declaración "Nostra Aetate" sobre las relaciones de la iglesia con las religiones no cristianas», 28 octubre 1965, http://es.catholic.net/sacerdotes/222/2456/articulo.php?id=13882.

6. Benedicto XVI, «Texto íntegro del polémico discurso del papa», 16 septiembre 2006, http://iblnews.com/story.php?id=17804.

7. Irene Hernández Velasco, «El Papa Francisco pide "intensificar el diálogo" con el islam y con los ateos», *El Mundo*, 22 marzo 2013, http://www.elmundo.es/elmundo/2013/03/22/internacional/1363953905.html.

8. Junta Islámica, «Junta Islámica agradece sus felicitaciones al Papa Francisco», *Webislam*, 10 agosto 2013, http://www.webislam.com/articulos/90257-junta_islamica_agradece_sus_felicitaciones_al_papa_francisco.html.

9. Rocío Lancho García, «El papa felicita a los musulmanes por la fiesta del final del Ramadán», Zenit, 2 agosto 2013, http://www.zenit.org/es/articles/el-papa-felicita-a-los-musulmanes-por-la-fiesta-del-final-del-ramadan.

10. Junta Islámica, «La Junta Islámica reza con el Papa Francisco por la paz en Siria», 7 septiembre 2013, http://www.webislam.com/articulos/90899-la_junta_islamica_reza_con_el_papa_francisco_por_la_paz_en_siria.html.

11. Reuters, «Muere Jerzy Kluger, el gran amigo judío de Juan Pablo II», *Religión en Libertad*, 21 octubre 2013, http://www.religionenlibertad.com/articulo.asp?idarticulo=19874.

12. Rachel Zoll, «Juan Pablo transformó las relaciones católico-judías», *Offnews*, 3 abril 2005, http://www.offnews.info/verArticulo.php?contenidoID=975.
13. Rav. Benjamin Blech, «Adiós al Papa Benedicto XVI», *Enlace judío*, 8 marzo 2013, http://www.enlacejudio.com/2013/03/08/adios-al-papa-benedicto-xvi.
14. Ibíd.
15. Ibíd.
16. «Destacan que Bergoglio fue un gran impulsor del diálogo interreligioso», *Telam*, 14 marzo 2013, http://www.telam.com.ar/notas/201303/10377-destacan-que-bergoglio-fue-un-gran-impulsor-del-dialogo-interreligioso.html.
17. Ibíd.
18. Ricardo Flesler, «Vaticano: Papa Francisco y rabino argentino celebran shabat», *Israel en línea*, 30 septiembre 2013, http://www.israelenlinea.com/internacional/noticias-internacionales/mundo-judio/9217-vaticano-papa-franciso-y-rabino-argentino-celebran-shabat.html.
19. Ibíd.
20. «Francisco: Un cristiano no puede ser antisemita», *Zenit*, 24 junio 2013, http://www.zenit.org/es/articles/francisco-un-cristiano-no-puede-ser-antisemita.
21. Henrique Cymerman, «Papa Francisco: "Dentro de cada cristiano hay un judío"», *Enlace judío*, 24 junio 2013, http://www.enlacejudio.com/2013/06/24/papa-francisco-dentro-de-cada-cristiano-hay-judio.
22. Ibíd.
23. «Miembro de la Curia espera que el Papa Francisco lleve a cabo reformas pero no una "revolución"», *Europapress*, 16 octubre 2013, http://www.europapress.es/sociedad/noticia-miembro-curia-espera-papa-francisco-lleve-cabo-reformas-no-revolucion-20131016182354.html.
24. Enlace Judío México, «Mensaje del Papa Francisco en la sinagoga de Roma, en el 70 aniversario de la deportación de los judíos romanos», *Enlace judío*, 17 octubre 2013, http://www.enlacejudio.com/2013/10/17/mensaje-del-papa-francisco-en-la-sinagoga -de-roma-en-el-70-aniversario-de-la-deportacion-de-los-judios-romanos.
25. Hechos 13.44–52.

Capítulo 12: El papa de los políticos

1. Papa Francisco, citado por Eugenio Scalfari en «Papa Francesco a Scalfari: così cambierò la Chiesa "Giovani senza lavoro, uno dei mali del mondo"», *La Repubblica*, 1 octubre 2013, http://www.repubblica.it/cultura/2013/10/01/news/papa_francesco_a _scalfari_cos_cambier_la_chiesa-67630792/?ref=search. Disponible en español, «Entrevista del Papa con Scalfari», *Religión Digital*, 1 octubre 2013, http://www. periodistadigital.com/religion/vaticano/2013/10/01/entrevista-del-papa-con-scalfari-iglesia-religion-francisco-dios-jesus-jesuitas.shtml. Ver la nota 10 del capítulo 3.
2. «Estado de la Ciudad del Vaticano», http://www.vaticanstate.va/content/vaticanstate/ es.html. También ver «Tratado entre la Santa Sede e Italia», 11 febrero 1929, http:// www.vaticanstate.va/content/dam/vaticanstate/documenti/leggi-e-decreti/ TratadoentrelaSantaSedeeItalia.pdf.
3. «La "laicidad del Estado" es defendida por Francisco», *La Razón*, 28 julio 2013, http:// www.la-razon.com/mundo/laicidad-defendida-Francisco_0_1877812217.html.
4. «Laicidad», Diccionario de la Real Academia Española, http://lema.rae.es/drae/?d =drae&val=laicidad&x=-677&y=-310.
5. «Laicismo», Diccionario de la Real Academia Española, http://lema.rae.es/drae/?d= drae&val=laicismo&x=-677&y=-310.
6. J. Bergoglio y A. Skorka, *Sobre el Cielo y la Tierra* (Buenos Aires: Sudamericana, 2011, formato digital), pos 1429.
7. Francisco, «Texto completo de la carta del papa al director del diario "La Repubblica"», *Zenit*, 11 septiembre 2013, http://www.zenit.org/es/articles/texto-completo-de-la-carta -del-papa-al-director-del-diario-la-repubblica.
8. Papa Francisco, citado por Scalfari en «Papa Francesco a Scalfari». Ver la nota 10 del capítulo 3.

9. Ibíd.
10. Amy Patterson Neubert, «Prof: Christians remain a small minority in China today», Purdue University, 26 julio 2010, http://www.purdue.edu/newsroom/research/2010/100726T-YangChina.html.
11. Rossend Domènech, «China y el Vaticano llevan su relación al peor nivel de los últimos 60 años», El Periódico, 27 diciembre 2011, http://www.elperiodico.com/es/noticias/internacional/china-vaticano-llevan-relacion-peor-nivel-los-ultimos-anos-1289197.
12. «El cardenal Tong, esperanzado por el futuro de las relaciones Vaticano-China», Periodista Digital, 31 octubre 2012, http://www.periodistadigital.com/religion/mundo/2012/10/31/el-cardenal-tong-esperanzado-por-el-futuro-de-las-relaciones-vaticano-china.shtml.
13. ACI, «El papa Francisco pide rezar por católicos en China», Aciprensa, 22 mayo 2013, http://www.aciprensa.com/noticias/el-papa-francisco-pide-rezar-por-catolicos-de-china-92396.
14. ACI/Europa Press, «Lanzan campaña para liberar al Obispo de Shanghai en China», Aciprensa, 22 mayo 2013, http://www.aciprensa.com/noticias/lanzan-campana-para-liberar-al-obispo-de-shanghai-en-china-91620.
15. «En Corea del Norte hay por lo menos 10 mil católicos en secreto», Vatican Insider, 6 julio 2013, http://vaticaninsider.lastampa.it/es/en-el-mundo/dettagliospain/articolo/corea-del-nord-north-korea-corea-del-norte-25469.
16. EFE, «Papa Francisco pide a Corea del Norte y Sur detener conflicto», El Popular, 31 marzo 2013, http://www.elpopular.pe/actualidad-y-policiales/2013-03-31-papa-francisco-pide-corea-del-norte-y-sur-detener-conflicto.
17. «Papa Francisco y Ban Ki-moon hablan de la crisis en la península de Corea», Univisión, 4 septiembre 2013, http://noticias.univision.com/mundo/noticias/article/2013-04-09/papa-francisco-y-ban-ki-moon-hablan-de -la-crisis-en-la-peninsula-de-corea.
18. Camille Eid, «Católicos en Irán: ¿en peligro de extinción?», Zenit, 6 junio 2010, http://www.zenit.org/es/articles/catolicos-en-iran-en-peligro-de-extincion.
19. ACI, «El Papa exhorta a católicos de Irán a vivir su fe con fidelidad en su tierra», Aciprensa, 16 enero 2009, http://www.aciprensa.com/noticias/el-papa-exhorta-a-catolicos -de-iran-a-vivir-su-fe-con-fidelidad-en-su-tierra.
20. ACI, «El Papa y ex Presidente iraní dialogan sobre paz en Medio Oriente», Aciprensa, 4 mayo 2007, http://www.aciprensa.com/noticias/el-papa-y-ex-presidente-irani -dialogan-sobre-paz-en-medio-oriente.
21. P. J. Ginés, «Irán condena a muerte a un líder cristiano», La Razón, 2 octubre 2011, http://www.larazon.es/detalle_hemeroteca/noticias/LA_RAZON_400879/5590 -iran-condena-a-muerte-a-un-lider-cristiano.
22. «Hugo Chávez lanza un fuerte desafío contra la Iglesia católica», Radio Cristiandad, 23 julio 2013, http://radiocristiandad.wordpress.com/2007/07/23/hugo-chavez-lanza-un-fuerte -desafio-contra-la-iglesia-catolica.
23. Ludmila Vinogradoff, «Chávez arremete contra la Iglesia y el Vaticano», ABC, 15 julio 2010, http://www.abc.es/20100715/internacional/chavez-iglesia-201007150127.html.
24. ADP, «Chávez busca ahora reconciliarse con la Iglesia Católica», Infocatólica, 11 julio 2012, http://infocatolica.com/?t=noticia&cod=12309.
25. «Los obispos venezolanos piden a Chávez que abandone "fórmulas totalitarias"», Periodista Digital, 8 enero 2012, http://www.periodistadigital.com/religion/america/2012/01/08/religion-iglesia-venezuela-chavez-corrupcion-totalitarismo-elecciones.shtml.
26. Claudia Peiró, «El papa Francisco cambió el curso de la política internacional», Infobae, 28 septiembre 2013, http://www.infobae.com/2013/09/28/1512257-el-papa-francisco-cambio -el-curso-la-politica-internacional.
27. Ibíd.
28. Ibíd.

Capítulo 13: La esperanza del pueblo americano

1. «Discurso del Papa en el Hospital de San Francisco de Asís de la Providencia – JMJ Río 2013», 24 julio 2013, http://www.vidanueva.es/2013/07/25/discurso-del-papa-en -el-hospital-de-san-francisco-de-asis-de-la-providencia-jmj-rio-2013/.
2. «Discurso del papa Francisco en la favela-comunidad de Varginha – JMJ Río 2013», 25 julio 2013, http://www.vidanueva.es/2013/07/25/discurso-del-papa-francisco-en-la -favela-varginha-jmj-rio-2013/.
3. «Palabras del papa Francisco a los jóvenes argentinos en la Catedral de Río – JMJ 2013», 25 julio 2013, http://www.vidanueva.es/2013/07/25/palabras-del-papa- francisco-a-los -jovenes-argentinos-en-la-catedral-de-rio-jmj-2013/.
4. Francisco, «Discurso del Santo Padre Francisco a los embajadores de Kirguistán, Antigua y Barbuda, Luxemburgo y Botswana», 16 mayo 2013, http://www.vatican. va/holy_father/francesco/speeches/2013/may/documents/papa-francesco _20130516_nuovi-ambasciatori_sp.html.
5. Europa Press, «El Papa arremete contra la "corrupción" de los políticos y la "incoherencia" de los sacerdotes», El Economista de América, 27 julio 2013, http:// www.eleconomistaamerica.com/internacional/noticias/5026504/07/13/El-Papa- arremete-contra-la-corrupcion-de-los-politicos-y-la-incoherencia-de-los- sacerdotes.html.
6. «Papa Francisco critica corrupción y ataca a las élites durante visita a favela de Río», El País.com.co, 25 julio 2013, http://www.elpais.com.co/elpais/internacional/noticias/ papa-denuncia-desigualdades-mundo-visita-favela-rio.
7. ACI/EWTN Noticias, «El Papa Francisco es opuesto a teología de la liberación, recuerda Magister», Aciprensa, 6 septiembre 2013, http://www.aciprensa.com/ noticias/el-papa-francisco-es-opuesto-a-teologia-de-la-liberacion-recuerda- magister -75171.
8. Ibíd.
9. ACI/EWTN Noticias, «Teología del Papa Francisco no es la de Gutiérrez, dice experto», Aciprensa, 13 septiembre 2013, http://www.aciprensa.com/noticias/ teologia-del-papa-francisco-no-es-la-de-gutierrez-dice-experto-35695.
10. ACI/EWTN Noticias, «Cuando Bergoglio derrotó a los teólogos de la liberación, recuerda Arzobispo», Aciprensa, 2 octubre 2013, http://www.aciprensa.com/noticias/ cuando-bergoglio-derroto-a-los-teologos-de-la-liberacion-recuerda-arzobispo -82582.
11. ACI/EWTN Noticias, «El Papa nunca ha adoptado la teología de la liberación, dice autoridad del Vaticano», Aciprensa, 23 septiembre 2013, http://www.aciprensa.com/ noticias/el-papa-nunca-ha-adoptado-la-teologia-de-la-liberacion-dice-autoridad -del-vaticano-37855.
12. ACI/EWTN Noticias, «Las palabras del Obispo Vera en congreso de teología de la liberación en España» (audio), Aciprensa, 10 septiembre 2013, http://www.aciprensa. com/noticias/audio-las-palabras-el-obispo-vera-en-congreso-de-teologia-de-la -liberacion-en-espana-14767.
13. ACI, «Experto en teología de la liberación critica ingenuidad de periodista italiano», Aciprensa, 26 junio 2013, http://www.aciprensa.com/noticias/experto-en-teologia- de-la-liberacion-critica-ingenuidad-de-periodista-italiano-66268.
14. Agustín Rivera, «El Papa Francisco aplica la doctrina jesuita para revolucionar la Iglesia», El Confidencial, 29 septiembre 2013, http://www.elconfidencial.com/ sociedad/2013-09-29/el-papa-francisco-aplica-la-doctrina-jesuita-para-revolucionar -la-iglesia_33654.

Capítulo 14: El papa frente a los temas sociales

1. Francisco, «Carta del Santo Padre Francisco al primer ministro del Reino Unido David Cameron con ocasión de la Cumbre del G8», 15 junio 2013, http://www. vatican.va/holy_father/francesco/letters/2013/documents/papa-francesco_20130615 _lettera-cameron-g8_sp.html.
2. Hebreos 12.1–3.

3. AFP/InfoCatólica, «El papa llama a reconquistar a quienes se fueron con evangélicos o viven sin Dios», *InfoCatólica*, 28 julio 2013, http://infocatolica.com/?t=noticia&cod=18065.
4. Juan Vicente Boo, «Papa Francisco. "El creyente es... ¡un atleta del espíritu!"», *ABC*, 20 octubre 2013, http://www.abc.es/sociedad/20131020/abci-papa-francisco-201310201302.html.
5. Dietrich Bonhoeffer, *Resistencia y sumision: cartas y apuntes desde el cautiverio* (Salamanca: Sígueme, 1983), p. 267.
6. P. Antonio Spadaro, «Entrevista exclusiva: Papa Francisco: "Busquemos ser una Iglesia nueva que encuentra caminos nuevos"», *Razón y Fe*, p. 5, http://ep00.epimg.net/descargables/2013/09/19/70db745cdd5e187f5e34545c8ac67bcd.pdf.
7. Ibíd. p. 6.
8. «El Papa Francisco critica el "capitalismo salvaje" que "busca beneficio a cualquier coste"», *ABC*, http://www.abc.es/videos-internacional/20130522/papa-francisco-critica-capitalismo-2402145157001.html.
9. «El papa pide paz y critica el capitalismo por año nuevo», *CNN Español*, 1 enero 2013, http://cnnespanol.cnn.com/2013/01/01/el-papa-pide-paz-y-critica-el-capitalismo-por-ano-nuevo.
10. «Discurso del Santo Padre Francisco a los embajadores de Kirguistán, Antigua y Barbuda, Luxemburgo y Bostwana», 16 mayo 2013, http://www.vatican.va/holy_father/francesco/speeches/2013/may/documents/papa-francesco_20130516_nuovi-ambasciatori_sp.html.
11. Ibíd.
12. «El Papa Francisco condena la "dictadura del dinero"», *Punto Final*, 31 mayo 2013, http://www.puntofinal.cl/782/banqueros782.php.
13. ACI/EWTN Noticias, «Apego al dinero destruye a la familia, alerta el Papa», *Aciprensa*, 21 octubre 2013, http://www.aciprensa.com/noticias/apego-al-dinero-destruye-a-la-familia-alerta-el-papa-36199.
14. ACI/Europa Press, «El Papa ha logrado que hasta los no creyentes se fijen en el Evangelio, dice Cardenal Ravasi», *Aciprensa*, 18 octubre 2013, http://www.aciprensa.com/noticias/el-papa-ha-logrado-que-hasta-los-no-creyentes-se-fijen-en-el-evangelio-dice-cardenal-ravasi-98015.
15. ACI/EWTN Noticias, «El Papa sobre medios: Hace falta leer la realidad en clave espiritual para entender a la Iglesia», *Aciprensa*, 18 octubre 2013, http://www.aciprensa.com/noticias/el-papa-sobre-medios-hace-falta-leer-la-realidad-en-clave-espiritual-para-entender-a-la-iglesia-13149.

Las mejores frases del primer año de pontificado del papa Francisco

1. «Francisco: "Cómo me gustaría una Iglesia pobre y para los pobres"», *Infocatólica*, 16 marzo 2013, http://infocatolica.com/?t=noticia&cod=16790.
2. «Francisco: "Quiero una Iglesia pobre y para los pobres"», *Zenit*, 16 marzo 2013, http://www.zenit.org/es/articles/francisco-quiero-una-iglesia-pobre-y-para-los-pobres.
3. ACI, «La Iglesia no puede ser la "niñera" de los cristianos, recuerda el Papa Francisco», *Aciprensa*, 17 abril 2013, http://www.aciprensa.com/noticias/la-iglesia-no-puede-ser-la-ninera-de-los-cristianos-recuerda-el-papa-francisco-91196.
4. Ibíd.
5. ACI/EWTN Noticias, «Papa Francisco a nuevos sacerdotes: Sean pastores, no funcionarios», *Aciprensa*, 21 abril 2013, http://www.aciprensa.com/noticias/papa-francisco-a-nuevos-sacerdotes-sean-pastores-no-funcionarios-52202.
6. EFE, «Papa: "Las monjas tienen que ser madres y no solteronas"», *El Comercio*, 8 mayo 2013, http://elcomercio.pe/actualidad/1573831/noticia-papa-monjas-tienen-que-madres-no-solteronas.
7. ACI/EWTN Noticias, «Que obispos y sacerdotes sean pastores y no lobos, exhorta el Papa», *Aciprensa*, 15 mayo 2013, http://www.aciprensa.com/noticias/que-obispos-y-sacerdotes-sean-pastores-y-no-lobos-exhorta-el-papa-50001.

8. Francisco, «El aburguesamiento del corazón nos paraliza», *Catalunya Religió*, 15 marzo 2013, http://www.catalunyareligio.cat/es/blog/homilies-del-papa-francesc/13-05-2013 /aburguesamiento-del-coraz-n-nos-paraliza-40795?page=13.

9. «Papa arremete contra los cristianos de salón que no anuncian a Cristo», *El Universal*, 16 mayo 2013, http://www.eluniversal.com/internacional/130516/papa-arremete-contra -los-cristianos-de-salon-que-no-anuncian-a-cristo.

10. Francisco por Twitter, 16 mayo 2013, https://twitter.com/Pontifex_es/status /334975513116434434.

11. «Los alimentos que se tiran a la basura son alimentos que se roban de la mesa del pobre, del que tiene hambre, dijo Papa Francisco», *Radio Vaticano*, 5 junio 2013, http:// es.radiovaticana.va/news/2013/06/05/los_alimentos_que_se_tiran_a_la_basura_ son_alimentos_que_se_roban_d/spa-698513.

12. «"En la Curia hay gente santa, pero también una corriente de corrupción. Se habla del 'lobby gay', y es verdad, está ahí"», *Religión Digital*, 10 junio 2013, http://www. periodistadigital.com/religion/vaticano/2013/06/10/en-la-curia-hay-gente-santa-pero-tambien-una-corriente-de-corrupcion-se-habla-del-lobby-gay-y-es-verdad-esta-ahi-religion-iglesia-francisco-religiosos-clar-vatiano-curia-aparecida-reformas. shtml.

13. Francisco, «Carta del Santo Padre Francisco al primer ministro del Reino Unido David Cameron con ocasión de la Cumbre del G8», 15 junio 2013, http://www. vatican.va/holy_father/francesco/letters/2013/documents/papa-francesco_20130615 _lettera-cameron-g8_sp.html.

14. ACI/EWTN Noticias, «No compartir con los pobres es robarles y quitarles la vida, dice el Papa Francisco», *Aciprensa*, 16 mayo 2013, http://m.aciprensa.com/noticia. php?n=40928.

15. Pablo Ordaz, «El papa Francisco defiende la "laicidad del Estado"», *El País*, 27 julio 2013, http://internacional.elpais.com/internacional/2013/07/27/actualidad/1374948221 _344203.html.

16. Darío Menor, «Transcripción íntegra de la entrevista del papa Francisco en el avión de Brasil a Roma», *Vida Nueva*, 31 julio 2013, http://www.vidanueva.es/2013/07/31/ transcripcion-completa-de-la-entrevista-del-papa-francisco-en-el-avion-de-brasil-a-roma.

17. Elizabetha Piqué, «Papa Francisco: "Vatileaks es un problema grande, pero no me he asustado"», *El comercio*, 31 julio 2013, http://www.elcomercio.com/mundo/Papa-PapaFrancisco-Vatileaks-Iglesia-entrevista-gay_0_965903427.html.

18. ACI, «Esto fue lo que dijo el Papa Francisco en rueda de prensa sorpresa a bordo del avión papal», *Aciprensa*, 29 julio 2013, http://www.aciprensa.com/noticias/esto-fue -lo-que-dijo-el-papa-francisco-en-rueda-de-prensa-sorpresa-a-bordo-del-avion-papal-63767.

19. Papa Francisco, citado por Eugenio Scalfari en «Papa Francesco a Scalfari: così cambierò la Chiesa "Giovani senza lavoro, uno dei mali del mondo"», *La Repubblica*, 1 octubre 2013, http://www.repubblica.it/cultura/2013/10/01/news/papa_francesco_a _scalfari_cos_cambier_la_chiesa-67630792/?ref=search. Disponible en español, «Entrevista del Papa con Scalfari», *Religión Digital*, 1 octubre 2013, http://www. periodistadigital.com/religion/vaticano/2013/10/01/entrevista-del-papa-con-scalfari-iglesia-religion-francisco-dios-jesus-jesuitas.shtml. Ver la nota 10 del capítulo 3.

20. Ibíd.

21. «Francisco: "Sufro cuando veo a las mujeres en la Iglesia como servidumbre"», *Religión Digital*, 12 octubre 2013, http://www.periodistadigital.com/religion/vaticano/2013 /10/12/francisco-sufro-cuando-veo-a-las-mujeres-en-la-iglesia-como-servidumbre -iglesia-religion-papa-dios-jesus.shtml.

Acerca del autor

Mario Escobar, licenciado en Historia y diplomado en Estudios Avanzados en la especialidad de Historia Moderna, ha escrito numerosos artículos y libros sobre la Inquisición, la Reforma Protestante y las sectas religiosas. Colabora como columnista en distintas publicaciones. Apasionado por la historia y sus enigmas, ha estudiado en profundidad la historia de la iglesia, los distintos grupos sectarios que han luchado en su seno y el descubrimiento y la colonización de América, especializándose en la vida de personajes heterodoxos españoles y americanos. Para más información, visitar www. marioescobar.es.